중용

하늘의 소리 사람의 길

황광욱

홍익대학교 사범대학 부속여자고등학교 윤리 교사입니다. 성균관대학교 한국철학과를 졸업하고, 동 대학 대학원에서 철학 박사 학위를 받았습니다. 성균관대학교, 홍익대학교 등 여러 대학에서 동양철학, 한국철학, 동양 윤리사상 등을 강의했습니다.

지은 책으로는 『화담 서경덕의 철학사상』, 『역주 화담집』, 『청소년을 위한 맹자(젊은 지성을 위한 맹자)』, 『동양철학 콘서트』가 있습니다. 여럿이 함께 쓴 책으로 『한국철학사상사』, 『한국실학사상사』, 『주자학의 형성과 전개』,『한 권으로 읽는 한국철학』이 있습니다. 중학교 『도덕』 교과서와 고등학교 『생활과 윤리』 교과서 집필에 참여했습니다. 시집으로 『길, 아직 가지 않은』이 있습니다.

중용

하늘의 소리 사람의 길

초판 1쇄 발행 2013년 7월 15일

지은이 | 황광욱
펴낸이 | 최원필
편 집 | 이찬희
펴낸곳 | 심산출판사
주 소 | 서울시 은평구 불광동 219-7 예은 101호
전 화 | 02-357-0633
팩시밀리 | 02-357-0631
E-mail | simsan@korea.com
등 록 | 제1-2114호(1996년 11월 28일)

ISBN 978-89-94844-25-1 03150

※ 책값은 뒤표지에 표시되어 있습니다.

중용

하늘의 소리/사람의 길

황광욱 지음

심산

차례

■ 들어가며 ■

1

인간은 자연을 터로 하여 태어나고 살아가는 '자연적 존재'이면서, 동시에 이것저것을 만들며 인간다워지는 '인문적 존재'입니다. 자연적 존재로서의 인간은 '주어짐'이라고 할 수 있고 인문적 존재로서의 인간은 '만들어 감'이라고 할 수 있습니다. 주어짐은 그렇게 할 수밖에 없기에 운명(運命)이고, 만들어 감은 능동적 실현 행위이기에 사명(使命)이라고 할 수 있겠죠. 운명과 사명의 공통점은 '명(命)'인데, 그 명이 인간 개개의 내면으로 표현될 때는 성(性)이라고 합니다. 즉 인간으로서의 성(性)이 주어져 있다는 것은 운명이고, 인간으로서의 성(性)을 이루어 가는 것은 사명이라고 하겠습니다.

그렇게 보면 운명과 사명이 딱 부러지게 다른 것이 아닙니다. 마찬가지로 주어짐과 만들어 감도 별개가 아니며, 자연적 존재와 인문적 존재가 전혀 다른 존재도 아닙니다. 그렇기에 "인간은 ○○이다."라고 하는 정의보다는 "인간은 ○○이면서 ◎◎인 존재이다."라고 하는 것이 더 본질에 가깝다고 하겠습니다. 현실의 모든 인간은 '자녀이면서 부모'이고, '형이면서 아우'이고, '친구이면서 친구'이고, '윗사람이면서 아랫사람'이고, '살면서 죽어 가는' 존재이기 때문이죠. 즉 인간은 언제나 양 극단의 '사이[간(間)]'에 있을 수밖에 없다는 겁니다.

그 '사이의 줄타기'가 인간이 가야 하는 길[도(道)]입니다. 『중용』은 사이의 줄타기를 어떻게 해야 하느냐에 대한 지침서라고 할 수 있습니다. 줄타기의 비법을 간단하게 말하면, 양 극단 사이에서 한쪽으로 치우치지 말라는 것이죠. 자연적 존재의 특성에 치우치면 인간으로서의 가치에 소홀하게 될 것이고, 인문적 존재의 특성에 치우치면 생물적 욕구를 가볍게 여기게 될 수 있습니다.

그런데 줄타기의 비법을 적극적으로 해석하면, 양 극단을 모두 사용하라는 것이 될 수도 있습니다. 자연성과 인문성을 상황에 맞게 다 쓰라는 것이죠. 굶고 있는 이에게는 인문적 세례보다 생물적 욕구를 먼저 채워 주고, 배가 부른 이에게는 생물적 욕구를 자제하고 인문적 세례를 주어야 한다는 것이죠. 간단하게 보든 적극적으로 보든 중용은 '상황에 맞춤'이라는 것으로 요약될 수 있습니다. 그리고 상황은 언제나 '현재(現在)'하는 것이니 중용을 '현재의 철학'이라고 할 수 있습니다.

『중용』은 웅장한 자연의 세계와 위대한 인문의 세계, 미묘한 형이상과 생생한 현실을 종횡으로 오가며 동시에 설명하고 있습니다. 무한의 시공간을 오가면서도 현재를 놓지 않으며, 높은 곳을 지향하면서도 일상성을 벗어나지 않습니다. 또한 대립하는 것 같은 양 극단을 붙들어 하나로 묶어 내고 있는데, 그것이 『중용』 전체를 관통하고 있는 '진실[성

(誠)]' 입니다.

즉 자연 세계는 '진실의 펼쳐짐' 이고 인문 세계는 '진실이 펼쳐지도록 해야 한다는 것' 이 중용의 철학입니다. 인간은 '진실을 펼쳐 가야 함[성지(誠之)]' 의 사명을 이룸으로써 인간다워지고, 나아가 세상을 만들어 가는 창조자의 지위에 있을 수도 있는 위대성이 있습니다. 『중용』이 크게 강조하고 있는 것이 인간의 위대성입니다. 천지(天地)와 더불어 우주의 세 번째 창조자로 인간을 높이고 있습니다.

그런데 그 창조는 어느 시점에 이루어진 과거가 아니라 지금 바로 여기에서 이루어지고 있는 진행형입니다. 자연 세계의 상황은 물건 혹은 사건이지만, 인문 세계에게서의 상황은 '관계' 로 표현됩니다. 자연 세계의 창조는 사물을 만듦이지만, 인문 세계에서의 창조는 '관계 맺음' 이라고 할 수 있고, 그 관계 맺음의 시작은 '부(夫)-부(婦)' 입니다. 부부로부터 시작된 관계 맺음은 '부모-자녀', '형-아우', '어른-아이', '윗사람-아랫사람', '죽은 이-산 이', '자연-인간' 까지 확대되어 갑니다. 그 관계를 맺어야만 하는 것이 운명이라면, 양 극단을 잘 써서 관계를 맺어 가는 것은 사명입니다. 즉 중용은 관계 맺음의 철학이고, 그렇기에 언제나 현재의 철학인 것입니다.

2

『중용』이 누구의 저작인가, 어느 시대의 작품이냐에 대해 학자들 간에 이견이 있습니다. 그러나 누구의 저작이든[여기서는 전통적 견해대로 자사(子思)를 저작자라고 보고 논의를 전개하겠습니다.], 어느 시대의 작품이든 『중용』이 유학(儒學) 사상이라는 것에는 틀림없습니다.

또한 『중용』이 공자(孔子)의 사상을 정통으로 계승한 것이냐에 대한 논쟁도 있습니다. 공자는 잘 언급하지 않은 형이상적 개념과 진술이 많기 때문입니다. 그래서 『중용』은 도가(道家)의 사상이 흡수된 것이라고 보는 주장도 있습니다. 그러나 그 또한 여기서는 문제 삼지 않겠습니다. 도가를 흡수했건 하지 않았건 『중용』 그 자체에는 형이상과 형이하가 일관되어 있으면서도, 도가의 자연이 아니라 유가의 인문에 초점이 있기 때문입니다.

즉 『중용』이라는 책을 둘러싼 여러 논쟁에 대한 서지학적인 문제를 해결하고자 하는 것이 이 책의 목적이 아니기에 그런 논쟁을 에둘러 피하겠습니다. 『중용』을 『중용』 그 자체로 보기 위해서입니다. 『중용』의 편제도 여러 가지가 있으나 여기서는 가장 많이 읽히고 있는 주희(朱熹)의 편제를 기본으로 하여 약간의 변화를 주었습니다.

주희는 『중용』의 편제를 여섯 개의 큰 마디〈육대절(六大節)〉로 나누었고, 세부적으로는 33장으로 구분했습니다. 1장이 1대절로서 중화(中和)를, 2장~11장이 2대절로서 군자의 도(道), 12장~19장이 3대절로서 비은(費隱), 20장~26장이 4대절로서 성(誠), 27장~32장이 5대절로서 대덕소덕(大德小德), 그리로 33장이 6대절로서 1장의 뜻을 다시 펼치고 있다고 주희는 설명하고 있습니다.

여기서는 크게 네 부분으로 나누어 볼 것입니다. 1부는 1장~11장,

2부는 12장~20장, 3부는 21장~32장, 그리고 4부는 33장입니다. 1부는 『중용』의 대전제와 수신(修身), 2부는 치인(治人), 3부는 자연 세계와 인문 세계의 합일, 그리고 4부인 33장은 전체의 요약이라고 보았기 때문입니다. 또 주희의 33장을 순서대로 따랐으나, 각 장 안에서의 분절(分節)은 주희와 달리한 곳도 있습니다. 주희는 논리성을 중시한 것으로 보이는데, 여기서는 글의 맥락과 주제를 기준으로 했습니다.

각각의 장에는 직역과 의역의 중간 정도에 해당하는 '해석'과 원문을 제시했습니다. 해석 다음에는 '글자 풀이'를 했습니다. 글자의 훈과 음보다는 맥락상의 의미에 초점을 두어 필요한 글자와 구절에 설명을 한 것입니다. 그리고 '풀어 보기'를 통해 각 장의 핵심 내용을 설명하려고 했습니다. 구절에 대한 주석이 아니라 장 전체의 의미 파악에 주안을 두려고 했습니다. 또 각 장의 말미에는 일종의 에세이 혹은 독백인 '또 하나의 생각'을 통해 중용 철학의 생생함을 음미하고자 했습니다. 그래서 각각의 장이 〈해석 - 원문 - 글자 풀이 - 풀어 보기 - 또 하나의 생각〉으로 구성되어 있습니다.

3

이 책을 쓰는 데는 많은 시간 쌓임이 있었습니다. 본문에서도 썼지만, 시간은 흘러가 버리는 것이 아니라 현재에 모여 있다고 생각합니다. 그렇기에 이 책을 쓰기 위해 보냈던 시간은 흘러가 버린 것이 아니라 이

책에 모여 있다고 하겠습니다. 딱 그만큼 모여 있습니다. 거기에다가 이 책의 밑그림이 되어 준 많은 책들이 먼저 있었습니다. 그러니 이 책에는 많은 다른 책들이 모여 있는 것이죠. 그런데 다른 책들은 그 책이 있기 위해 또 다른 시간들이 모였을 것이고, 그 책에는 많은 다른 책들이 모여 있을 것입니다. 결국 이 책의 시간 쌓임은 어마어마할 것이고, 다른 책들의 쌓임 또한 두께를 잴 수 없을 정도일 것입니다.

그 모든 것의 은혜를 받지 않았다면 이 책은 없습니다. 그러니 그 모든 것에 감사를 드리지 않을 수 없습니다. 모든 책들을 일일이 들어 가며 감사해야 하겠지만, 그렇게 하기에는 또 하나의 책이 필요할 것 같아 몇 분만 들어 감사를 표하기로 하겠습니다.

우선 『중용』을 찬술한 자사와 자사의 철학이 있게 해 준 공자에게 감사드립니다. 그리고 『중용』에 주석을 하여 후세에 드러내 준 주희에게도 감사드립니다. 우리나라의 이이(李珥) 선생의 언해를 통해 한국적으로 읽을 수 있게 된 데에도 감사드리고, 주희의 의도를 잘 이해할 수 있도록 역주를 해 준 성백효 선생님에게도 감사드립니다. 원문을 원문대로 보는 눈을 갖게 해 준 이기동 선생님에게도 감사드리고, 중용 철학의 생생함과 웅장함을 들려준 김용옥 선생님에게도 감사를 올립니다. 여기에 감히 이름을 쓴 선생님들을 내가 직접 뵙고 가르침을 받은 것은 아닙니다. 그분들의 책을 통해 눈을 뜰 수 있었기에 감사드리는 것입니다.

대학 재학 시, 양현재 장학생 수업의 하나였던 '『중용』 강독'에서 『중용』의 맛과 멋에 대한 호기심을 일으켜 주신 류승국 선생님에게 특별히 감사드립니다. 그리고 철학도와 생활인으로서의 두 길을 모두 일러 주신

이동준 선생님과 중(中)의 철학을 안내해 주신 최일범 선생님에게도 감사드려야 합니다. 그분들로부터 헤아릴 수 없는 가르침을 받았기 때문입니다.

그 모든 것에 감사한다고 해서 하나의 책이 묶여지지는 않습니다. 그러니 감사함을 모아 하나의 책으로 묶을 수 있게 해 준 심산출판사의 최원필 사장님의 배려와 도움에도 크게 감사드려야겠습니다. 그리고 글을 다듬고 멋지게 꾸며 주신 편집진께도 감사드립니다.

인천의 우거에서 황광욱이 썼습니다.

1부

길을 가다가
그만두지 않으리라!

1장

도는 나에게 있다

하늘이 명(命)하고 있는 것이 성(性)이다. 성을 따르는 것이 내가 가야 할 길[도(道)]이다. 그 길을 닦아 나가는 것이 공부[교(教)]이다.

天命之謂性, 率性之謂道, 脩道之謂教.
천명지위성, 솔성지위도, 수도지위교.

사람이 가야 할 길은 한 순간도 나를 떠나 있지 않다. 만약 나와 떨어져 있다면 사람의 길이 아니다. 그래서 사람다운 사람이 되고자 하는 이[군자(君子)]는 그 보이지 않는 바에서도 삼가고 삼가며, 그 들리지 않는 바에서도 두렵고 두려워한다. 마음에 숨겨져 있는 것만큼 잘 보이는 것은 없고, 마음의 작은 싹만큼 잘 드러나는 것은 없다. 그래서 사람다운 사람이 되고자 하는 이는 그 홀로 느낌이 있을 때 더욱 삼가는 것이다.

道也者, 不可須臾離也, 可離非道也. 是故君子戒愼乎其所不睹, 恐
도야자, 불가수유리야, 가리비도야. 시고군자계신호기소부도, 공

懼乎其所不聞. 莫見乎隱, 莫顯乎微, 故君子愼其獨也.
구호기소불문. 막현호은, 막현호미, 고군자신기독야.

기쁨, 성냄, 슬픔, 즐거움의 감정이 아직 표출되지 않았을 때는 모든 감정이 흔들리지 않고 중심을 잡고 있다[중(中)]. 감정이 드러남에 상황에 딱 들어맞으면 화평[화(和)]해진다. 감정이 중심을 잡고 있는 것이 세상일의 뿌리이며, 화평은 세상이 가야 할 길이다. 만약 감정이 중심을 잘 잡고 있고, 상황에 딱 들어맞게 드러나면 하늘과 땅이 제자리를 잡게 되고 그래서 온갖 것들이 잘 자라게 된다.

喜怒哀樂之未發, 謂之中, 發而皆中節, 謂之和. 中也者, 天下之大本
희로애락지미발, 위지중, 발이개중절, 위지화. 중야자, 천하지대본

也, 和也者, 天下之達道也. 致中和, 天地位焉, 萬物育焉.
야, 화야자, 천하지달도야. 치중화, 천지위언, 만물육언.

■ 글자 풀이

천(天)

하늘, 창조자, 인격신을 뜻하는 것이 아니라 내 안의 하느님, 내가 사람다운 사람이 될 가능성을 말합니다. 따라서 명(命)은 명령이 아닙니다. 명령이라고 하더라도 명령을 내리는 자와 받는 자가 다르지 않습니다. 그런 면에서 사람으로서의 사명이라고 하는 것이 더 좋아 보입니다. 내 안의 성(性)으로서의 하느님과 쉼 없이 소통하는 것이 명인 것이죠.

솔(率)

우리말로 '따름' 입니다. 무엇을 따르는 것이냐면 성(性)을 따르는 것입니다. 따른다는 것은 거르지 않는다는 것입니다. 그것이 옳은 것인 줄 알면 그것을 거스르지 않는 것이 솔(率)이고, 이것이 옳지 못한 줄 알면 이것을 하지 않는 것이 솔(率)입니다.

길[도(道)]

사람이 가야 할 길, 곧 내가 가야 할 길, 모든 사람이 가야 하는 길을 말합니다. 그 길은 명령으로서 주어진 것이 아니라 사명으로서 내가 만들어 가야 하는 길입니다. 그래서 길을 닦아야[수도(修道)]하는 것이죠.

또한 그 길은 저곳에 있지 않고 바로 나에게 있습니다. 내 속의 길을 닦는 것인데, 그 방법이 '그 보이지 않는 바에서도 삼가고 삼가며, 그 들리지 않는 바에서도 두렵고 두려워함[계신호기소부도, 공구호기소불문, 신기독(戒愼乎其所不睹, 恐懼乎其所不聞, 愼其獨)]' 입니다. 즉 길을 닦는 것은 철저하게 자신의 문제입니다. 자신의 가장 깊고 고요한 곳에서 자신이 가야 할 길을 찾는 것이죠.

군자(君子)

특별한 재능을 가진 사람이 아니라 보통 사람을 말합니다. 감정에 휘둘리거나 감정을 억제하기만 하는 사람이 아니라, 감정을 적절하고 아름답게 표출하려고 노력하는 보통 사람입니다.

은(隱), 미(微)

없는 것이 아니라 가려져 있는 것이고, 작은 것일 뿐입니다. 가려져 있지만 더욱 선명하고, 아주 작지만 더욱 확연한 것을 말합니다.

■ 풀어 보기

명(命)하는 하늘은 하느님과 같은 인격신이 아니라, 인간이 자신을 끝없이 되돌아보는 대상으로서의 하느님을 말합니다. 성(性)은 주는 자가 있고 받는 자가 있는 것이 아니라 자기가 자기를 완성해 가는 근거인 것입니다. 자기가 자기를 완성해 가야 한다는 것이 인간의 성(性)이고, 그 성을 마치 명령처럼 여겨서 잘 따르는 것이 '사람이 가야 할 길[도(道)]'입니다. 길을 간다는 것은 사람의 길을 간다는 것이고, 성(性)을 따라서 가는 길이며, 성을 따라가는 길은 하늘과 소통하며 자기를 완성해 가는 길입니다.

그런데 그 길은 탄탄대로로 눈앞에 펼쳐져 있는 것만이 아닙니다. 숲도 있고, 가시가 있기도 하고, 온갖 유혹이 있기도 하고, 때로는 희미해서 보이지 않을 수도 있습니다. 그래서 그 길을 만들어 가야 하는데 그것이 수도(修道)입니다. 이른바 '도를 닦아 가는 것'입니다.

도를 닦아 나가는 방식과 절차와 내용이 바로 공부[교(敎)]입니다. 여기서의 공부는 객관 세계의 파악이기도 하지만 근본적으로는 자신으로 돌이키는 공부를 말합니다. 객관 세계의 파악만이 공부라면 그 공부에는 우열과 지식의 많고 적음과 타고난 재능의 차이가 있겠지만, 자신으로 돌이키는 공부이기에 빠르게 하건, 느리건, 혹은 힘들게 하건, 쉽게 하건, 그 도착지는 다르지 않습니다. 완성된 인간, 인간으로서의 완성은 인간의 성에 근거하고 있고, 성은 모든 특수하고 개별적인 인간들의 공통적 보편성이기 때문입니다.

1장의 핵심은 추상적이고 형이상학적인 성(性)의 규명과 설명에 있는 것이 아니라 사람이 가야 할 길[도(道)]에 있습니다. 그 길의 가장 큰 특성은, 그 길이 사람[나]에게 있지 다른 곳에 있지 않다는 것입니다. 만약 나에게 있지 않고 다른 곳에 있다면 그것은 사람의 길이 아닙니다. 사람의 길이기에 사람을 떠나 있지 않습니다. 그리고 그 길은 특정 순간에 있는 것이 아니라 언제나 어디서나 있습니다. 따라서 남이 나를 보거나 나의 말을 들을 때와 남이 나를 보지 못하거나 나의 말을 듣지 못하는 때에도 사람으로서 가야 할 길이 다른 것이 아닙니다.

남이 보지 못하고 듣지 못하게 될 때 은근슬쩍 일어나는 감정은, 드러나지 말아야 할 '때'를 맞추지 못한 것이기에 화평하지 못한 욕망으로 흐를 수 있습니다. 은근하게 일어나 남이 보지 못하고 듣지 못하는 상황이라고 하더라도, 분명 나의 몸과 마음에 그것이 드러나고 있습니다. 남이 보고 듣지 않는다는 그것은, 다른 것의 매개 없이 혹은 방해 없이 자신과 자신이 온전하게 마주하게 됨을 말합니다. 그러니 감정의 싹이 아무리 '숨겨져 있는 듯[은(隱)]' 하고, 아무리 '작은 듯[미(微)]' 하여도, 오히려 스스로에게는 그보다 크고 확실하게 드러나지 않음이 없는 것이 됩니다. 그래서 사람다운 사람이 되고자 한다면 남이 보거나 들을 때뿐만 아니라 남이 보거나 듣지 않는 그 곳과 그 순간에 더욱 삼가고 두려워해야 한다는 것입니다. 이것이 바로 '길을 닦아 나가는 것[수도(修道)]'입니다. 곧, 길을 닦아 나가는 것은 홀로 있을 때 삼가고 삼가고 또 삼가는 것입니다.

하늘이 쉼 없이 사람에게 명하고 있는 것이 성(性)이고 그 성을 따라가는 것이 길인데, 그 길은 감정의 발현에서 벗어나지 않습니다. 성을 따라간다는 것은 기쁨 · 성냄 · 슬픔 · 즐거움의 감정을 상황에 맞게 드러내는 것에서 벗어나지 않는 것이죠. 인간의 일은 모두 감정의 발로로 인한 것이고, 인간의 감정이 투영되지 않는 일은 없습니다. 형이상학적으로는 성(性)이지만 현실적으로는 감정[정(情)]이 인간의 일입니다. 현실화될 수 있는 감정의 잠재태가 중(中)이고 상황에 맞게 이상적으로 현실화된 것을 화(和)라고 합니다. 중은 뿌리이고 주어진 것이지만, 화(和)는 비바람을 이기고 맺어야 할 열매라고 할 수 있죠. 그래서 중(中)을 이루면 자연 세계가 제자리를 잡는 것이고, 화(和)를 이루면 인문 세계의 모든 것이 자라고 꽃피고 열매 맺게 되는 것입니다.

■ 또 하나의 생각

홀로 있음[독(獨)]

홀로 있음은 나 이외의 다른 모든 것과의 단절을 말합니다. 의도적으로 다른 것과 단절하려는 것은 결국 자신과 마주하기 위해서일 것입니다. 물론 불교에서는 '나'라는 것조차 단절의 대상이라지만 그 또한 자신의 본 모습을 보기 위함입니다. 함께 있을 때는 그 '함께'라는 것 때문에, 그 '함께'들과 흘러가기 쉽게 됩니다. 마치 대학 신입생 수련회에서 선후배가 '함께 있음'으로 인해 대로를 막고 큰 원을 그리고 노래를 불러 댈 수 있는 것처럼, 감정 또한 '함께' 흘러나오고 흘러들어옵니다.

그런데 홀로 있을 때는 다른 것들에 의해 내가 흔들리지 않을 수 있습니다. 중심을 잡기가 더 좋습니다. 특히 감정은 더 그렇습니다. 홀로 있을 때의 감정은 이제 다른 것에 의해 흔들리는 것이 아니라 오로지 자신에 의해 흔들리게 됩니다. 자신에 의해 흔들리는 감정을 특히 조심해야 하는 것입니다.

세상의 모든 일은 감정의 발현이고, 감정의 투영이라고 할 수 있습니다. 쇼펜하우어는 "세계는 의지의 표상이다."라고 했는데, 『중용』은 "세계는 감정의 표상이다."라고 보고 있다고 할 수 있습니다. 상황에 맞게 드러나는 화평한 감정은 화평한 세상을 만들고, 과도한 감정은 세상을 흔들리고 취하게 하며, 억제된 감정은 세상을 감옥으로 만든다는 것이죠.

그렇기에 홀로 있음을 존재론적 혹은 실존적 고독으로 볼 필요가 없습니다. 또한 홀로 있음은 무념(無念)·무사(無事)의 공허가 아닙니다. 오히려 세상과 정면으로 마주하는 순간이라고 할 수 있습니다. 온 우주가 내 앞에 딱 버티고 서 있을 때 그 우주는 나의 감정에 의해 구성됩니다. 나의 기쁨·성냄·슬픔·즐거움은 나로부터 나오는 기쁨·성냄·슬픔·즐거움이지만, 나의 기쁨·성냄·슬픔·즐거움의 드러남은 타인 및 우주와 관계하는 것입니다.

홀로 있을 때의 기쁨 · 성냄 · 슬픔 · 즐거움의 중(中)이 다른 것과 부딪혀 드러날 때 화(和)하게 되면 천지와 세상이 제자리에서 제 삶을 살게 됩니다. 그런 면에서 홀로 있을 때의 자신을 돌아보면 자신이 지도자가 될 자세를 갖추었는지도 알 수 있을 것 같습니다. 지도자의 자질은 능력이 아니라 그 사람의 감정에 있기 때문입니다. 능력은 시스템으로 대체될 수 있지만 감정은 다른 것으로 대체될 수 없습니다. 시스템으로 구성되는 세상은 물리적인 세계입니다. 물리적 세계를 잘 만들어 보아야 생동감 있는 세상은 아닙니다. 살아 있는 세상은 감정이 만듭니다. 그래서 지도자의 자질은 감정에 있는 것이고, 홀로 있을 때의 감정이 생생한 세상이 펼쳐지는 출발지인 것입니다. 즉 홀로 있음은 세상이 어떻게 펼쳐질지에 대한 밑그림이 정해지는 순간인 것입니다.

2장

군자는 상황에 맞춘다

공자[중니(仲尼)]께서 말씀하셨다. "군자는 일상에 잘 맞추고 소인은 일상에 맞추지 못한다. 군자가 일상에 맞추는 것은 군자답게 상황에 맞추는 것이고, 소인이 일상에 맞추는 것은 소인답게 거리낌이 없는 것이다."

仲尼曰, "君子中庸, 小人反中庸. 君子之中庸也, 君子而時中, 小人
중니왈, "군자중용, 소인반중용. 군자지중용야, 군자이시중, 소인

之中庸也, 小人而無忌憚也."
지중용야, 소인이무기탄야."

■ 글자 풀이

중(中)

갑골문에서는 깃발이 서 있는 모습으로 그려지고 있는데, 그 뜻이 발전하여 중심(中心), 중점(中點) 그리고 속[내(內)]의 뜻도 갖게 되었습니

다. 중(中)은 명사로 쓰이기도 하고 동사로 쓰일 수도 있는데, '중용'이라고 할 때는 용(庸)에 '맞추다'라는 동사로 새겼습니다. 용(庸)은 일상(日常), 항상(恒常), 쓰임[용(用)] 등의 뜻을 갖는데 여기서는 그 뜻을 모두 포함하는 명사로 쓰였습니다. 중(中)을 명사로 보아 명사+명사의 구조가 된 새로운 명사로서의 '중용'으로 보는 것이 일반적입니다. 여기서는 동사+명사의 구조로 보아 '일상에 꼭 들어맞추다'로 해석했습니다.

시(時)

일상성을 입체적으로 표현한 것입니다. 시는 시간만을 의미하는 것이 아니라 시간에 따른 공간, 그 시간과 공간 속에 있는 나 및 나와 마주하고 있는 세상 모두를 말합니다. 시중(時中) 또한 명사+명사가 아니라 명사+동사로 해석했습니다.

무기탄(無忌憚)

거리낌이 없는 것을 말합니다. 거리낌이 없으면 용감해 보일 수도 있습니다. 그런데 남의 것에 손을 대는 데 거리낌이 없으면 도둑이 되는 것이고, 말하는 데 거리낌이 없으면 말이 부메랑이 되어 남도 다치고 자신도 다칩니다.

■ 풀어 보기

1장은 자사의 말이고, 여기부터 10장까지는 공자의 말입니다. 공자의 말을 근거로 자사 자신의 언명을 증명해 나가고 있는데, 그 초점은 '일상에 맞추는 것[중용(中庸)]'에 있습니다. 그 첫 언명이 2장입니다.

사람이 가야 할 길은 특이하고 괴이한 것에 있는 것이 아니라 일상 속에 있습니다. 일상에서 길을 찾아야지 일상을 벗어나 길을 찾아서는 안 된다는 것이죠. 일상을 버리고 '하나님! 하나님!'만 외치며 하늘만을 우러러 보는 것은 자신의 뿌리를 찾는 것 같지만 실은 뿌리를 캐내는 것과 같습니다. 마찬가지로 불현듯 갑부가 되어 있기를 고대하거나, 멋진 남자 혹은 여자가 불쑥 자신에게로 다가오기를 꿈꾸는 것은 애초에 뿌리도 없는 허황된 욕망입니다. 사람이 가야 할 길은 일상에 맞추는 것[중용(中庸)]입니다. 사람다운 사람이 되는 것은 사람이 가야 할 길을 가는 것이고, 사람이 가야 할 길을 간다는 것은 일상에 맞추는 것에 다름 아닙니다.

일상은 나의 시간 · 공간 · 관계 속에서 주어집니다. 나는 지금에 있지 과거 또는 미래에 있지 않습니다. 따라서 과거나 미래가 아니라 지금에 맞추는 것이 중용입니다. 과거의 영광이나 후회에 머물러 있으면 지금의 내가 해야 할 것을 못하게 됩니다. 마찬가지로 오지 않은 미래의 영광을 희망하는 것은 지금의 내가 해야 하는 것에 대한 불만과 질타에 지나지 않습니다.

공간 또한 마찬가지입니다. 지금 여기에 있으면서도 저곳에 있기를 바라는 것은 여기의 나, 여기서의 내가 해야 하는 것을 포기하는 것입니다. 집에 있으면서 바닷가에 있기를 바라고 있다면 집 안에 있는 내가 집 안에서 해야 할 것을 못하게 됩니다. 교실에 있으면서 놀이터를 꿈꾸면 공부를 못하게 되는 것과 같다고 할 수 있습니다.

관계도 마찬가지입니다. 나는 그 아버지 그 어머니의 자녀이며, 그 형의 동생이며 그 동생의 형이며, 그 친구의 친구이고 그 학교의 학생입니다. 그런데 저 아저씨 아주머니의 자녀이기를 바라면 실제의 아버지 어머니를 부정하거나 불효를 하게 되는 것입니다.

자신의 시간 · 공간 · 관계를 벗어나면 감정이 드러남에 상황에 맞지 않게 되고 그렇게 되면 자신뿐 아니라 온 세계, 온 자연을 화평하지 못하게 만드는 것입니다. 그렇다고 일상에 맞추는 것이 운명에 체념하라는 것은 아닙니다. 사람이 가야 할 길은 사람에게 있는 것이기에 지금 이곳의 나에게 있는 것이지, 옛날의 어느 때 혹은 미래의 어느 때 다른 곳의 다른 이에게 있는 것이 아니라는 것입니다.

가난하다고 하여 사람이 가야 할 길이 없는 것이 아닙니다. 가난할 때 가난이라는 상황에 맞는 길이 있습니다. 가난의 길이 신세를 한탄하는 것이 아니며 또 도둑질을 하는 것이 아님을 다 알고 있습니다. 가난함에도 비굴하지 않는 것이 가난의 길입니다. 마찬가지로 부자의 길은 남을 업신여기나 돈 자랑을 하는 것에 있는 것이 아니라 부자이지만 교만하지 않는 것에 있습니다. 윗자리에 있을 때는 남을 깔보는 것이 아니라 아래를 업신여기지 않는 것이 윗자리에 있는 사람의 길입니다. 아랫자리에 있는 사람의 길은 윗자리를 끌어내리려고 하지 않는 것입니다.

자녀의 길은 나의 자녀가 이렇게 해 주었으면 하는 바를 부모에게 하는 것입니다. 내 아우가 나에게 이렇게 해 주었으면 하는 바를 형에게 하는 것이 아우의 길이며, 친구가 내게 이렇게 해 주었으면 하는 바를 친구에게 먼저 해 주는 것이 친구의 길입니다. 그 모든 길은 나에게 있는 것이기에 하늘을 원망치 않고 타인을 탓할 수 없는 것입니다.

■ 또 하나의 생각

거리낌

거리낌은 나와 다른 것 사이에 '거리가 끼어 있음'을 말합니다. 곧 '거리-낌'입니다. 거리낌은 사람만의 특징이고, 거리낌이 없으면 사람이라고 할 수 없습니다. 자연 및 자연의 존재자들은 거리낌이 없습니다. 물리 법칙에 의해 존재하고 생존 법칙대로 살아갈 뿐이기 때문입니다.

물리 법칙과 생존 법칙에서 벗어날 수 없는 것은 인간도 마찬가지이지만 거리낌이 있어 인간다운 삶, 문명(文明)의 삶이 있을 수 있습니다. 자연과의 거리-낌은 자연에 대한 경외와 존중, 부모와의 거리-낌은 부모에 대한 고마움과 그리움, 선생과의 거리-낌은 깨우쳐 줌에 대한 감사, 친구에 대한 거리-낌은 마음 나눔에 대한 즐거움을 가져다 주며 동시에 그렇게 해야만 한다는 것을 알게 해 줍니다. 나 또한 타인에 대해 거리-낌의 대상입니다. 나는 자녀이면서 부모이고, 선생이면서 제자이고, 친구이면서 친구이기 때문입니다. 곧 거리-낌은 인간의 존재적 특성이라고 할 수 있습니다.

거리-낌은 나를 나로 알게 하는 인식적 근거이기도 합니다. 나는 자연 및 타인과 구별되는 나가 아니라 자연 및 타인으로부터 규정되고 관계되는 나입니다. 다른 것과의 거리-낌이 없으면 나는 흘러가 버리고 말게 됩니다. 그러면 나는 나로서 있지도 살지도 않는, 의미를 가지지 못한 '그냥 있음'일 뿐인 존재가 됩니다. 자연과의 거리-낌을 통해 '인간으로서의 나'라는 인식을, 부모와의 거리-낌을 통해 '자녀로서의 나'라는 것을, 선생과의 거리-낌을 통해 '제자로서의 나'를, 친구와의 거리-낌을 통해 '친구로서의 나'를 발견하게 되는 것입니다.

거리-낌의 인식은 이지적 분별과 구별이 아니며, 동물적 생존 감각도 아닙니다. 그것은 바로 기쁨 · 성냄 · 슬픔 · 즐거움이라는 감정의 '느낌'입니다. 다른 것과 이성(理性)으로 관계 맺는 것은 말 그대로 현실적 관계가 아니라 이성적 관계일 뿐입니다. 이성적 관계는 현실성을 갖지 못합니다. 나는 부모와 이성적으로 관계 맺지 않습니다. 마찬가지로 친구를 이성적으로 대하면 친구 관계가 성립되지 않습니다. 자연과 이성적으로 관계 맺을 때 자연은 도구적 수단이 될 뿐입니다.

동물적 생존 감각으로 맺어지는 관계는 생존의 조건이라고 할 수는 있지만 인간적이라고 할 수는 없습니다. 동물적 감각은 관계라기보다 일방적 분출이라고 하는 편이 낫겠습니다. 그렇기에 거리-낌이 없습니다. 거리-낌이 없으니 관계가 성립될 수 없습니다.

인간만이 거리-낌의 존재적 특성을 갖고, 그 존재적 특성이 바로 인식의 근거가 됩니다. 그 인식의 근거는 이성도 동물적 감각도 아닌 인간적 정감입니다. 정감은 분석의 대상이 아니며 일방적 감각도 아닙니다. 주고받는 감정입니다. 그래서 상황에 맞춘 감정의 발현을 통해 나와 다른 것과의 관계를 맺는 것이고, 그 관계의 얽히고설킨 모습이 바로 '감정의 표상으로서의 세계'인 것입니다. 결국 거리-낌은 느낌입니다. 그 느낌이 상황성에 맞을 때[중절(中節), 중용(中庸)] 화평한 세계가 펼쳐지는 것이죠. 이 세계는 세계에 대한 나의 느낌으로 구성되는 것입니다. 그러니 나는 이 세상을 구성하는 주체인 것입니다.

거리-낌은 인간의 존재적 특징이기도 하고, 인식의 근거이기도 하며 나아가 삶의 방식이어야만 하는 당위적 측면도 가지고 있습니다. 존재적 특징과 그 존재의 삶의 방식이 분리되는 것이 아닙니다. 다리가 없는 뱀의 존재적 특징은 몸을 구부려서 이동해야만 하는 뱀의 삶의 방식을 규정합니다. 마찬가지로 거리-낌의 존재적 특징은 거리-낌의 삶의 방식을 가져야 한다는 것을 의미합니다. 그래서 거리-낌이 없으면 참사람이라고 할 수 없어서 소인(小人)이라고 하는 것입니다. 사람의 겉모양을 가졌으되 사람답지 않기에 소인(小人)입니다. 거리-낌의 삶의 방식으로 살아가는 사람을 군자(君子)라고 합니다. 그렇게 되면 중용(中庸)을 우리말을 '거리-낌'이라고 해도 과히 틀리지 않을 것 같습니다.

거리-낌의 시간 · 공간 · 주체 · 대상의 복합적 거리를 '여유[서(恕)]'라고 볼 수 있습니다. '거리-낌'이 있어야 나를 대상화하여 너와 같이 여길 수 있습니다. 부모와의 거리-낌을 통해 내가 부모의 느낌을 느끼며, 친구와의 거리-낌을 통해 내가 친구의 느낌을 가지고 있을 뿐 아니라 느끼고 있다는 것을 자각하게 됩니다. 그 자각이 부모와의 여유, 친구와의 여유의 자리가 됩니다.

일찍이 소옹(邵雍)이라는 철학자는 '거리-낌[간(間)]'을 철학적으로 해석하기도 했습니다. 사람은 물리적으로 보면 천지 만물 이후에 자리하지만, 도(道)의 실현이라는 측면으로 보면 천지의 '가운데에 거리-낌[중감(中間)]'으로 자리하고 있다는 것이죠. 도(道) 실현의 주체가 되는 사람에 대해 소옹은 다음과 같이 말합니다.

> 한 번 움직이고 한 번 고요함은 천지(天地)가 지극히 묘한 것임이여! 한 번 움직이고 한 번 고요해지는 '사이(間)'는 천지인(天地人)이 지극히 묘하고 지극히 묘한 것임이여!

일동일정(一動一靜)의 운동을 통해 자연의 길은 드러납니다. 그런데 천과 지, 동과 정은 상대적입니다. 동은 정을, 정은 동을 근거로 하고 있다고만 말하면 순환 논리가 됩니다. 동이 동되고, 정이 정될 수 있는 것은 동도 아니고 정도 아닌 것이 있어야 하고, 마찬가지로 하늘이 하늘이 되고, 땅이 땅되기 위해서는 하늘 혹은 땅 자체가 아닌 것이 있어야 합니다. 그것을 소옹은 동정에 대해서는 '간(間)'이라 하고, 천지에 대해서는 '사람[인(人)]'이라고 한 것입니다. 그래서,

> 동에 부려지지 않고, 정에 빠지지도 않으며, 동도 아니고 정도 아니면서 동정의 주(主)가 되는 것이 간(間)이다.

라고 합니다. 하늘에 의해 부려지지도 않고 땅에 매이지도 않으며, 하늘도 아니고 땅도 아니면서 천지의 주가 되는 것이 천지의 간(間), 곧 '사람[인(人)]'입니다. 소옹은 사람의 위상을 천지와 연관하여 천지의 간

(間)이라고 하였는바, 간(間)은 중(中) 혹은 주(主)로도 표현될 수 있습니다. 간(間)이라고만 하면 '시공간적 간극'이라는 의미로 한정적으로 해석될 수 있지만, 중(中) 혹은 주(主)라 하면 사람의 위상을 더욱 적극적으로 해석할 수 있게 됩니다.

천지 만물에 도(道)가 있기는 하지만, 천지 만물의 도를 모두 실현할 수 있는 것은 간(間)의 위치를 지니고 있는 사람입니다. 간(間)은 상대적인 것들의 존재 근거이며, 상대적인 것들이 상대적인 것이 될 수 있게 하는 것입니다. 그래서 간(間)은 시공간적 제약에 있는 것이 아니라 어느 시공간에나 있습니다. 그 간(間)을 실현하는 것이 다름 아닌 중용인 것입니다.

3장

중용을 오래하는 이가 드물도다!

공자께서 말씀하셨다. "일상에 딱 맞추는[중용(中庸)] 그것, 지극하구나! 그런데 그것을 오래 지속하는 사람들이 드물구나!"

子曰, "中庸其至矣乎, 民鮮能久矣."
자왈, "중용기지의호, 민선능구의."

■ 글자 풀이

민(民)

백성으로 새기는 것이 틀린 것이 아니지만 현대에 있어서는 보통의 사람들, 인간 일반으로 이해하는 것이 더 좋을 듯합니다. 백성으로 새길 때는 마치 지배와 피지배의 구도로 읽힐 수 있기 때문입니다. 중용은 모든 인간들의 길이지, 특정 계층의 길을 말하는 것이 아닙니다.

선(鮮)

아름답다, 곱다는 의미로 많이 쓰이지만 여기서는 '드물다'로 새깁니다. 아름다고 고운 것은 드물기 마련입니다. 아름다운 꽃도 그 아름다움이 백 일을 넘지 않습니다.

구(久)

불멸이 아니라 지속성을 뜻합니다. 영원히 아름다운 꽃이 없는 것처럼 영원한 것은 없습니다. 그렇다고 허무한 소멸 또한 아닙니다. 백일홍은 자신의 씨 뿌림으로 해서 또 다른 백일홍을 낳기 때문입니다. 그래서 백일홍은 백 일만큼 지속됩니다. 사람도 자신의 씨 뿌림으로 또 다른 자신을 낳습니다. 불멸도 없지만 단절도 없습니다. 지속이 있을 뿐입니다.

■ 풀어 보기

일상에 맞추는 것은 쉬운 것 같으면서도 쉽지 않은 문제입니다. 그것이 쉽게 되지 않음에 대한 우환(憂患)의 표현이 3장입니다. 왜 쉽게 되지 않는지에 대한 대답을 하려는 것이 아니라 쉽게 되지 않고 있다는 그 자체에 대한 우려와 걱정입니다.

중용이 실현되지 않는 시대에 대한 우려로 볼 수도 있고, 중용을 실현하는 사람이 적다는 것에 대한 걱정으로 볼 수도 있습니다. 공자가 살던 시대를 떠올리면, 공자 자신의 시대가 암울한 것에 대한 한탄으로 볼 수 있습니다. 하지만 인류의 역사를 볼 때 중용이 실현되었던 특정 시대를 떠올리기 쉽지 않다는 것, 중용이 특정 시간에 필요한 것이 아니라 일상성임을 반영하면 시대가 아니라 사람에 대한 걱정이라고 보는 것이 타당하기도 합니다. 중용은 시대와 환경의 문제가 아니라 시대와 환경 속의 사람의 문제이기 때문입니다. 시대를 탓하는 것은 우환이 아니라 신세 한탄에 지나지 않습니다. 우환은 사람에게 있습니다. 여기서의 우환은 중용을 오래 실현하는 사람이 적음에 대한 통시적 걱정이라고 하겠습니다.

■ 또 하나의 생각

구(久) – 오래됨

모든 존재는 개체적 입장에서 볼 때 '멸(滅)-없어짐'을 향하여 가고 있다고 하겠습니다. '없어짐' 혹은 존재의 '유한성'에 대한 두려움은 영원한 것에 대한 동경과 염원을 낳고, 급기야 영원과 영원한 것을 구성하기도 합니다.

개별 존재의 존재적 특징 가운데 하나는 유한한 존재라는 것입니다. 그것을 부정하는 것은 존재 자체를 부정하는 것이 됩니다. 존재를 부정한다고 해서 유한이 극복되는 것도 아닙니다. 그냥 존재가 부정될 뿐이죠. 그렇다고 영원의 상대어를 소멸로 볼 필요도 없습니다. 세계는 분명 존재하기 때문입니다.

그렇다면 세계의 본질은 영원과 소멸의 중간, 있음과 없음의 어느 지점〈물론 이 지점은 고정이 아닙니다.〉, 있어짐과 없어짐의 사귐이라고 할 수 있을 것 같습니다. 따라서 영원을 추구하는 것은 지나침이고, 소멸을 택하는 것은 모자람입니다. 양극단을 휘어잡아 딱 맞게 쓰는 것이 삶과 죽음, 영원과 소멸에 대한 당위적 대응이라고 하겠죠.

개체 존재는 영원과 소멸의 중간만큼 존재합니다. 그래서 영원도 소멸도 아닌 '오래됨[구(久)]'이라고 할 수 있습니다. 오래됨의 물리적 시간은 개체마다 다르겠지만 오래됨이 존재의 본질인 것은 다르지 않습니다. 그런 면에서 모든 존재의 존재 시간은 같다고 하겠습니다. 개체 존재의 탄생과 소멸은 개체의 작업이 아니라 전체의 일이기도 합니다. 개체의 오래됨은 개체에게로 이어지며 전체를 이루기 때문이죠. 한 사람의 오래됨은 100년 정도이겠지만 그 집안의 오래됨은 천 년이 될 수 있고, 인간의 오래됨은 몇 백만 년이 될 수 있는 것입니다.

그렇기에 개체 존재는 소멸되는 것 같지만 언제나 현재하고 있다고 볼 수도 있습니다. 즉 죽음과 소멸로 향하는 것이 살아 있는 것들의 불안한 숙명이라고 볼 것이 아니라, 현재의 오래됨으로 향하고 있는 것이 살아 있는 것들의 기쁨이라고 볼 수 있습니다.

존재의 본질은 오래됨인데 그런 존재의 본질을 가진 존재자가 중용을 오래 못하는 것은 한탄할 일이라고 하겠습니다. 그것은 존재와 당위 사이의 간극이 있기 때문입니다. 자녀라고 해서 모두 효를 잘하는 것이 아니듯이, 인간 일반이 모두 중용을 잘하는 것이 아니라는 것입니다. 그래서 특정 시대가 아니라 인간 일반에 대한 우려와 걱정이 생기는 것입니다. 중용을 얼마나 지속하면 군자라고 불릴 수 있을까요? 공자는 스스로 한 달도 지키지 못한다고 했고, 3개월을 지키는 안회(顔回)를 높여 마지않습니다. 즉 100년이라는 개체 존재의 오래됨에서 석 달 정도 중용을 지키기가 그렇게 어려운 것이라는 겁니다. 하긴 작심하고 딱 3일을 넘기기 어려우니 석 달간 작심을 파하지 않는다는 것은 크게 칭송받아 마땅할 것입니다.

4장

참맛을 아는 이도 드물구나!

공자께서 말씀하셨다. "사람들이 자신이 가야 할 길을 가지 않음을 내가 알겠다. 안다고 하는 자들은 지나쳐 버리고 아둔한 자들은 미치지도 못한다. 사람들이 자신이 가야 할 길을 밝히고 있지 않음을 알겠다. 어질다고 하는 자들은 지나쳐 버리고 어리석은 자들은 미치지 못한다. 먹고 마시지 않는 사람은 없다. 그런데 그 맛을 아는 사람은 드물구나!"

子曰, "道之不行也, 我知之矣, 知者過之, 愚者不及也. 道之不明也,
자왈, "도지불행야, 아지지의. 지자과지, 우자불급야. 도지불명야,

我知之矣, 賢者過之, 不肖者不及也. 人莫不飮食也, 鮮能知味也."
아지지의, 현자과지, 불초자불급야. 인막불음식야, 선능지미야."

■ 글자 풀이

지자(知者), 우자(愚者), 현자(賢者), 불초자(不肖子)

지자(知者)와 우자(愚者)는 '앎[지(知)]'에 대한 두 대응이고, 현자(賢者)와 불초자(不肖子)는 '감[행(行)]'에 대한 두 대응입니다. 그런데 '지(知)·우(愚), 현(賢)·불초(不肖)'는 객관적 사실이 아닙니다. '지·우'는 잘 알지 못하면서 그것은 알 필요가 없다고 자처(自處)하는 것과 알 수 있으면서 알 수 없다고 자포(自暴)하는 것을 말합니다. '현·불초'는 할 수 없으면서 그것은 할 가치가 없다고 자만(自滿)하는 것과 할 수 있으면서 할 수 없다고 자기(自棄)하는 것을 말합니다. 우리는 모든 순간마다 지(知)와 우(愚)의 경계에서 줄을 타고 있으며, 현(賢)과 불초(不肖)의 경계를 조심하고 삼가야 하는 것입니다.

막불음식(莫不飮食)

일상성과 항상성의 예를 든 것입니다. 먹지 않을 수 없는 필연성이 곧 일상성이고, 그것에서 벗어날 수 없는 것이 항상성입니다.

■ 풀어 보기

물론 여기서 말하는 도(道)는 사람이 가야 할 길입니다. 자연성에 기초하고 있지만 인간으로서 가지고 있는 성(性)인 것이죠. '도를 가지 않는 것[도지불행(道之不行)]'은 '성을 따르지[솔성(率性)]' 않는 것과 같고, '도를 밝히지 않는 것[도지불명(道之不明)]'은 '도를 닦지[수도(修道)]' 않는 것과 같습니다. 곧 1장에서 언명한 '하늘[천명(天命)]-성[솔성(率性)]-도[수도(修道)']의 인간 존재와 특성의 대 전제가 지켜지고 있지 않음에 대한 애석함과 가엾음의 탄식입니다.

안다고 하는 자[지(知)], 아둔한 자[우(愚)], 어질다고 하는 자[현(賢)], 어리석은 자[불초(不肖)]는 특정한 사람이 아니라 우리들 일반의 모습들입니다. 특정한 사람이 아니라 사람의 여러 측면에 관한 묘사라고 볼 수도 있습니다. 한 사람이 무엇에 대해서는 아둔하지만 다른 것에 대해서는 알 수도 있고, 무엇에 대해서는 어리석지만 다른 것에 대해서는 어질 수도 있기 때문입니다. 우리 모두는 '지(知)·우(愚), 현(賢)·불초(不肖)'를 동시에 가지고 있는 존재들이고, 그렇기에 무엇에 대해서는 지나쳐 버리고 또 다른 것에 대해서는 미치지 못하고 있습니다.

먹고 마시는 것은 생존의 가장 기본 조건입니다. 먹고 마신다는 것은 삶의 원초적 행위입니다. 그 원초적 행위를 하지 않고 살 수는 없습니다. 먹고 마시는 것이 자연·생존이라면 '맛[미(味)]'은 인간·문명이라고 할 수 있습니다. 생존을 위한 행위를 하지 않는 존재는 없습니다. 그러나 인간이 가야 할 길은 생존에 머물지 않습니다. 생존을 딛고 일어서야 하며, 생존을 벗어나지 않고도 생존에 의미를 부여하는 것이 인간의 길입니다.

인간은 인간 자신이 아닌 다른 존재에 의해 설명되거나 규정되지 않는 존재입니다. 인간은 자연과 만물에 대해 설명할 수 있는 존재이죠. 설명한다는 것은 규정하는 것이고 의미 부여 행위입니다. 그런데 인간은 오직 스스로에 의해서만 자신을 설명할 수 있습니다. 자연에는 인간을 설명해 주는 것이 없습니다. 먹는 것은 자연이지만, 그것에서 의미를 찾을 수 있는 것이 인간입니다. 먹을 것을 주는 것은 자연의 몫이고 역할이며, 그것에 의미의 꽃을 피우는 것은 인간의 몫이고 역할인 것입니다. 그래서 인간에 의해 천지(天地)가 자리를 잡고 만물이 자라는 것이며, 인간은 하늘 · 땅과 함께 세계의 세 기둥이 될 수 있는 것입니다.

'맛'은 이성적 분석이 아니라 느낌으로부터 옵니다. 느낌은 감각이고 감각은 감정으로 드러납니다. 그러니 맛은 감정입니다. 맛은 입의 감각에 기초하고 있지만 감정의 작용을 통해 드러납니다. 그래서 맛은 입의 문제이면서 몸의 문제이며 나아가 감정의 문제가 됩니다. 입은 생존 기반을 상징하고, 몸은 삶의 구체성을, 감정은 인간성의 발현인 것입니다. 그리고 입과 몸과 감정의 합일체가 맛입니다. 맛에는 생존과 구체적 현실의 존재성과 그리고 문명이 함께 담겨 있습니다.

문명은 존재의 즉물성을 벗어나 세계의 창조에 의해 구성됩니다. 의미는 주어지는 것이 아니고 창조되는 것입니다. 인간만이 자신만의 세계를 창조할 수 있습니다. 맛을 아는 자가 드물다는 탄식은 문명을 창조하고 향유하고, 인간답게 살아가는 사람이 적음에 대한 우려라고 하겠습니다. 스스로 세계를 창조하지 못하고 그저 존재물로서 살아가는 것에 대한 염려인 것입니다.

■ 또 하나의 생각

맛과 멋

맛은 미각(味覺)의 표현이지만 삶 전체의 감정과 맛 닿아 있습니다. '살 맛 난다'고 하면 살고 있는 지금이 행복하고 즐겁다는 것이겠고, '죽을 맛이야!'라고 하면 살고 있는 지금이 사는 게 아닌 것 같다는 것을 나타는 것이겠죠.

'맛'이 세계에 대응하는 내 속의 감정 상태라면, '멋'은 내 속의 감정이 문화적으로 표현된 것입니다. 내 속의 감정 상태이기에 죽을 맛 혹은 쓴 맛은 있지만, 문화적 표현이기에 죽을 멋 또는 쓴 멋은 없습니다. 감정이 상황에 잘 맞게 드러날 때 '멋있다'라고 할 수 있습니다. 그런 멋에 대해 한 학자는 우리나라 풍류(風流) 사상의 '바람[풍(風)]'과 환유하여 멋지게 설명합니다.

> '멋'은 우리의 미의식을 표현한 말이지만, 이것이 말하는 아름다움이란 인생이 개입된 예술적 미에 속한 개념이기 때문에 단순한 자연미에 대해서는 사용하지 않는다. 말하자면 이상적인 실존의 기초 개념을 포함한 말이다. 지성과 용모에 탁월할지라도 멋이 없는 사람과는 상종하지 않으려고 한다.
>
> 첫째, 멋에는 생동감과 율동성을 동반한 흥의 뜻이 들어 있다. '멋지게'는 '홍겹게'의 뜻을 가지고 있다. 이것은 노래와 춤으로써 신을 내리게 하는 종교적 체험에 그 뿌리를 가진 것이어서 때로는 '신난다'는 말로써 표현

되기도 한다.

둘째, 멋에는 초월적인 자유의 개념이 들어 있다. '멋대로 하라'는 것이 그것이다. 또, '제대로 알고 있지 못하다'를 '멋도 모른다'고 한다. 멋을 자아내는 자유라는 것은 그 속에 어떠한 실체나 실력을 간직한 유연한 초월자의 그것을 뜻한다.

셋째, 멋에는 서로 호흡이 맞는다는 뜻에서 조화성이 들어 있다. 주어진 환경에 조화되지 않을 때 사람들은 '멋쩍어[멋이 적다]'한다. 남녀의 궁합을 보거나 집터의 풍수를 보는 것도 일종의 조화를 찾는 멋의 감각이다.

5장

사람이 길을 가지 않는구나!

공자께서 말씀하셨다. "사람들이 가야 할 길, 그 길을 사람들이 가지 않는 구나!"

子曰, "道其不行矣夫."
자왈, "도기불행의부."

■ 글자 풀이

부(夫)

문장의 끝에 쓰일 때는 느낌표에 해당합니다. 여기서는 탄식, 한탄, 가련, 애석, 개탄, 걱정 등을 담고 있다고 하겠습니다. 한마디로 하면 우환(憂患)의 표현이죠. 우환의식은 세상을 걱정하는 지식인, 지성인의 마음입니다. 우환의식이 사상을 낳고 문화를 낳습니다.

■ 풀어 보기

도(道)는 사람이 가야 할 길이고, 그 길은 만들어 가야 하는 길입니다. 그런데 지혜롭다고, 어질다고 자처하고 자만하는 사람들은 그 길을 우습게 또는 심오하지 않다고 여겨 지나쳐 버리고 맙니다. 아둔하고 어리석다고 자포하고 자기하는 사람들은 그 길이 어렵고 혹은 힘들다고 하여 가려 하지 않습니다.

우리들은 지혜롭거나 아둔하고, 어질거나 어리석은 모습의 연속으로 살아가고 있습니다. 어떤 것은 지나쳐 버리고 어떤 것은 미치지 못합니다. 그러니 길을 가지 못하고, 길을 밝히지 못하고 있는 것이죠. 가지 않은 길은 이미 길이 아니고, 밝게 비추이지 않은 길은 음란과 음습한 그림자가 길게 늘어지는 뒷골목일 뿐입니다.

2장에서 여기 5장까지는 중용을 실천하지 못하는 사람, 중용이 실현되지 못하는 사회에 대한 공자의 한탄입니다. 물론 공자가 2장~5장까지 연속적으로 표현한 것이 아니고, 『중용』을 짓고 편집한 자사가 공자의 한탄을 극적으로 구성한 것입니다. 2장은 '군자-중용', '소인-무기탄'을 대비시켰고, 3장은 소인들이 중용을 오래하지[구(久)] 못함, 4장은 '소인-무기탄'의 현실적 모습을 '지(知)·우, 현(賢)·불초(不肖)'를 통해 입체적으로 설명했고, 그리고 여기 5장에서 우환으로 수렴하고 있다고 하겠습니다. 중용이 시행되지 않는 것을 걱정하는 사람, 그런 사람이 바로 군자입니다.

■ 또 하나의 생각

걱정 – 우환

우리는 걱정을 합니다. 언제 진급해서 높은 자리로 오를 것인지 걱정하며, 쾌락에 빠져 있으면서도 더 큰 쾌락을 얻지 못할까 걱정하고, 건강하지 못한 자신의 신체를 걱정합니다. 그런데 그 걱정의 대상이 자신이 아니라 남으로 옮겨 가면 걱정은 관심과 배려로 변하게 됩니다. 높은 자리에 오르지 못한 부모님이 걱정스럽고, 쾌락에 빠져 있으면서 더 큰 쾌락을 쫓는 친구를 걱정하고, 건강하지 못한 아우를 걱정합니다. 자신에 대한 걱정은 원망이 되지만 타인에 대한 걱정은 안타까움이 됩니다.

그 안타까움이 자신을 넘어서 사회와 공동체와 세계와 역사까지 확대된 것을 우환의식(憂患意識)이라고 합니다. 우환의식은 자신의 자리 · 부 · 지위 · 명예를 걱정하는 것이 아니라 자신의 자리 · 부 · 지위 · 명예를 걱정하는 사회를 걱정하는 것입니다. 그래서 소인에게는 우환의식이 없습니다. 거리-낌이 없기 때문이죠. 거리-낌이 없기에 자유로울 듯하지만, 상황과 맞지 않는 자유는 방종이고 동물성에 지나지 않습니다.

자유는 벗어남이 아니라 들어맞음입니다. 자녀의 자유는 자녀의 자리에 들어맞음이지 자녀의 자리를 벗어나는 것이 아닙니다. 친구의 자유는 친구의 자리에 들어맞음이지 친구의 자리를 벗어나는 것이 아닙니다. 우환의식은 사람들이 자리에 있지 않고 자기의 자리를 넘어서거나 미치지 못하거나 비껴 있음에 대한 걱정입니다. 어떻게 자리를 잡을 것인가를 걱정한다는 것은 어떻게 세계를 구성할 것인가에 대한 걱정입니다. 곧 우환의식은 세계를 창조하는 출발점입니다. 그러니 소인은 세계를 창조하지 못하는 것입니다.

세계를 창조하는 우환의식은 '자신을 살피는 것[신독(愼獨)]'에서 시작합니다. 세상을 살피기 전에 자신을 삼가고 삼가는 것입니다. 자신을 삼가는 것은 그 홀로 있음을 삼가는 것이며, 보이지 않는 곳 들리지 않는 곳에서 자신을 삼가는 것입니다. 은미(隱微)할 때의 감정의 발현이 세상을 구성하는 것이기 때문입니다. 그래서 우환의식은 자신의 감정에서부터 시작됩니다. 나의 기쁨 · 성냄 · 슬픔 · 즐거움이 마디마디에 잘 들어맞았는지를 걱정하는 것이고, 우주가 제자리를 잡고 있는지 걱정하는 것이고, 만물이 잘 자라고 있는지 걱정하는 것입니다. 우주는 자리가 잡혀 있는 고정된 물질이 아니고, 자리를 잡아 가야 하고 만들어 가야 하는 유연한 재료들입니다. 그 재료들의 자리 배치와 생육은 인간의 몫이고 그것을 걱정하는 것이 군자의 우환의식입니다. 허나 군자는 특별한 인간이 아니라 인간 일반을 말합니다. 자신을 걱정하는 것이 아니라 타인과 만물을 걱정하는 인간일 뿐이죠. 홀로 있을 때의 자신을 토대로 말입니다.

6장

묻고 살피기를 즐겨라!

공자께서 말씀하셨다. "순임금은 참으로 아시는 분이구나! 순임금이 참으로 아시는 까닭은 묻기를 좋아하고 통속적인 말을 살피기 좋아하시기 때문이다. 게다가 잘못하는 것은 가려 주고 잘하는 것은 드러내 주시며, 그 양쪽을 모두 잡고서 백성들에게 꼭 들어맞게 사용하시니 그것이 바로 순임금이 되시는 까닭이구나!"

子曰, "舜其大知也與. 舜好問而好察邇言, 隱惡而揚善, 執其兩端,
자왈, "순기대지야여. 순호문이호찰이언, 은오이양선, 집기양단,

用其中於民, 其斯以爲舜乎."
용기중어민, 기사이위순호."

■ 글자 풀이

호(好)

의무로 하는 것이 아니라, 즐기는 것을 말합니다. 진정으로 즐기는

것은 순간적 행위가 아니라 일상적 행위입니다.

이(邇)

가깝다, 친근하다를 뜻합니다. 이언(邇言)은 가까운 이들이 하는 말이기도 하고, 현실에 기초하고 있는 삶의 얘기를 의미하기도 합니다. 진리는 다른 것에 있지 않고 나에게 있다는 것이 『중용』의 일관된 주장입니다. 따라서 '말[언(言)]'도 현실의 말, 삶의 말이어야지 비현실의 말, 죽음 혹은 죽음 이후의 말이어서는 안 됩니다. 죽음의 의미와 가치가 부정되는 것은 아니나, 죽음 또한 삶의 연속이지 단절이 아니라고 보는 것입니다. 살고 난 다음에 죽음이 있고, 삶의 세계 다음에 죽음의 세계가 있다는 직선적 순서가 아니라 삶 속에 죽음이 있고, 죽음의 세계가 삶 속에 있다는 것이죠. 그 삶과 죽음의 동시성을 확보하는 것이 효(孝)이고 제례(祭禮)입니다. 죽음조차 삶 속으로 끌어들이는 것이 유학(儒學)의 특징입니다. 그래서 『중용』은 효(孝)를 강조하고, 많은 예(禮) 가운데 죽음의 예를 말하고 있는 것입니다.

은오이양선(隱惡而揚善)

'은악이양선(隱惡而揚善)'으로 새겨서 선(善)과 악(惡)의 대립 구도로 이해하기도 합니다. 그렇게 되면 선·악이라는 어떤 실체가 있다는 것이 됩니다. 그러나 선악이 실체로 있는 것이 아니라 감정이 어떻게 드러나느냐에 따른 상황성이 있는 것입니다. 성(性)이 선이나 악의 구도로 설명되는 것은 맹자나 순자에 이르러서입니다. 『중용』은 선악의 구도로 성(性)을 말하고 있지 않습니다. 성(性)은 기쁨 · 성냄 · 슬픔 · 즐거움의 감정을 말할 뿐입니다. 감정은 선 · 악으로 결정되어 있는 것이 아닙니다. 미움과 좋음의 감정이 절도에 맞게 드러나느냐의 문제일 뿐인 것이죠. 순임금은 선과 악의 양 극단의 중간을 백성에게 사용하신 것이 아니라, 미움과 좋음의 마주하는 감정을 백성에게 상황에 딱 들어맞게 쓰신 것입니다. 그래서 선악(善惡)이 아니라 선오(善惡)로 읽은 것입니다.

■ 풀어 보기

4장에서는 안다고 하는 자[지자(知者)]들은 지나쳐 버리는 잘못을 저지를 수 있다고 했습니다. 그래서 여기서는 지자(知者)와 구별하기 위해 대(大)를 붙여 '대지(大知)'라고 순임금을 묘사하고 있습니다. 대(大)는 크다는 뜻이기는 하되 '참[진(眞)]으로'라는 의미를 갖습니다. 그래서 대지(大知)는 '참으로 아시는 분'으로 새겼습니다.

참으로 알면 안다고 자처하지 않습니다. 안다고 자처하고 자만하기에 일상성을 지나쳐 높고 괴상한 것을 좇게 됩니다. 참으로 아는 자는 안다고 자처하거나 자만하지 않습니다. 그래서 안다고 자처하는 자는 묻지 않지만, 참으로 아는 자는 묻습니다. 한두 번 묻는 정도가 아니라 묻기를 즐깁니다. 묻는다는 것은 겸손하지 않고는 되지 않습니다. 묻는 것은 자신을 되돌아보아야 가능한 것이기 때문이죠. 그러니 묻는다는 것은 타인의 지혜를 얻는 것이기도 하지만 궁극적으로는 자신이 잘 알지 못함에 대한 진실한 대응입니다. 자신의 무지에 대한 겸손, 이것이 물음을 낳고 그 물음을 통해 참으로 아는 자가 되는 것입니다.

묻는데 누구에게 묻느냐는 정해지지 않았습니다. 아니 정해져 있다고 할 수도 있습니다. 안다고 자처하고 자, 어질다고 자만하는 자에게는 묻지 않습니다. 물어보았자 틀린 대답을 할 것이 명백하기 때문입니다. 그들은 자신이 딛고 있는 현실을 지나쳐 버렸기 때문에 그들의 대답은 현실성이 없습니다. 높고 멀고 형이상적인 대답만 나올 것입니다. 현실적인 대답은 현실에 발을 딛고 현실을 살아가는 사람들에게서 나오기 마련입니다. 그들이 주고받는 말을 살피기 즐긴다는 것이 '호찰이언(好察邇言)' 입니다. 현실성과 상황성은 나와 내가 만든 주변에 있습니다. 내 감정이 미치는 곳이 우주이고 세상입니다. 내 감정이 미치는 곳은 멀리 있지 않고 지금의 여기에 있습니다. 그것이 바로 '시(時)' 입니다. 그리고 나의 세상에서, 지금 이곳에서 함께하는 이들이 자신의 생각을 주고받으며 소통하고 있는 말[언(言)]을 살피기 좋아하는 것입니다. 주변을 살핀다는 것은 나의 감정을 살핀다는 것과 다르지 않습니다. 나의 감정으로 구성된 세상이기 때문입니다.

감정에는 미움의 감정도 있고 좋음의 감정도 있습니다. 미움의 감정이 없는 것이 옳은 것이 아닙니다. 그렇다고 해서 미움의 감정이 장려되어서는 안 됩니다. 미워해야 할 것에 대해 미움의 감정을 드러내는 것이 옳은 것이지만, 그런 순간에도 미움의 감정은 자제되고 숨겨져야 합니다. 좋음의 감정이 무조건 옳은 것도 아닙니다. 좋아하지 말아야 할 것에는 좋음의 감정이 드러나서는 안 됩니다. 그러나 좋아해야 할 것에 대해 좋음의 감정을 드러낼 때는 자제와 숨김보다는 드날려야 합니다. 그것이 바로 '은오이양선(隱惡而揚善)' 입니다.

미움과 좋음은 서로 마주하는 감정입니다. 미움만 있거나 좋음만 있을 수 없다는 것이죠. 그래서 그 둘을 모두 써야 합니다. 미움은 자제하고 숨겨서 쓰고, 좋음은 드날려서 써야 합니다. 미움만 쓰면 좋아해야 하는 것에도 미움을 쓰는 삭막한 세상이 되고, 좋음만 쓰면 미워해야 하는 것에도 좋음을 쓰는 비인간의 세상이 됩니다. 미움과 좋음의 마주하는 감정을 상황에 딱 맞게[중(中)] 쓰는 것이 바로 대지(大知)입니다. 순임금이 그런 분이라는 것이죠.

■ 또 하나의 생각

묻기, 살피기

지식과 지혜의 출발은 의문이고, 그 의문을 풀어 가는 첫 단추는 물음입니다. 물음은 무지를 벗어나려는 겸손한 몸부림이라고 할 수 있습니다. 의문은 동물에게도 있어 보입니다. 그들도 세상을 보기 때문이죠. 그러나 물음은 인간만의 특성입니다. 동물은 자신이 어떻게 살아야 하는지 자신의 삶의 방식을 이미 알고 있습니다. 물론 사냥법과 도망법을 배우지만, 그 배움은 이미 있는 것을 주어지는 대로 부모에 의한 일방적 교육을 통해 배우는 것에 지나지 않습니다. 인간 또한 생물학적 조건들은 그런 방식을 통해 배웁니다. 그런 면에서 인간이 동물의 범주 안에 있는 것을 부인할 수는 없습니다. 그런데 인간은 그 외의 것에도 물음을 갖는 유일한 존재입니다. 그리스도교의 하늘나라의 하나님은 전지전능하다니 물음이 없을 것입니다. 아마 그 나라의 천사들도 물음이 없을 것입니다. 그러니 물음은 인간의 특권이나 다름없습니다.

물음은 일방적이 아니라 쌍방적 소통을 통해 알아 가는 과정입니다. 묻는 나가 있어야 하고, 물음에 답하는 이가 있어야 합니다. 그런데 묻는 나가 묻기 위해서는 먼저 자신의 무지에 대해 겸손해져야 합니다. 자신에 대한 진실성이 전제되지 않으면 물음이 있을 수 없습니다. 그래서 물음은 수양(修養)이라고 할 수 있습니다. 수양이 되지 않은 사람은 묻지 않습니다. 자신에 대해 진실하지 못하기 때문입니다. 물음이라는 행위는 지식의 획득이면서 동시에 자신에 대한 살핌입니다. 그래서 물음은 외향적이면서 동시에 내면을 향하고 있기도 합니다. 세상과 자신을 동시에 응시하는 것이 물음인 셈이죠.

살피기는 물음과 한 몸입니다. 묻기 위해서는 살펴야 합니다. 물음은 묻는 이와 답하는 이가 있지만, 살피기는 살피는 이와 살펴지는 대상이 있습니다. 살펴지는 대상은 자신일 수도 있고 타인일 수도 자연일 수도 있습니다. 물음은 자신의 무지에 대한 겸손에서 나오고, 살피기는 대상에 대한 관심과 애정을 낳게 합니다. 살피기는 대상을 이해하고 파악하고 그 대상에 내가 어떻게 대응할 것인지에 대한 정감적 판단입니다. 살피지 않고 대상을 대할 때 세상은 나만의 것, 독존의 세계가 될 뿐입니다. 그리고 이지적 분석으로 대상에 대응할 때는 너와 나로 이분화된 세상이 됩니다. 상대를 살피는 것은 상대에 대해 내가 어떤 정감을 드러내야 하는지를 결정하는 것입니다. 그것이 사물이든 사건이든 사람이든 모두 마찬가지입니다. 정감의 대상은 사람에게만 대응되는 것이 아닙니다. 사물에 대하여도 그 사물과 상황에 맞게 정감을 드러내야 하고, 사건에 대해서도 그렇고, 사람에 대해서는 더 말할 나위 없습니다. 결국 살피기는 나의 감정을 어떻게 상황에 맞추느냐[중절(中節)]의 과정인 것입니다.

7장

한 달이라도 지켜 내기

공자가 말씀하셨다. "사람들이 모두 내가(공자가) 지혜롭다고 말하는데 나는 그물, 덫, 구덩이 가운데로 몰아넣어도 그것에서 벗어날 줄을 모른다. 사람들이 모두 내가 지혜롭다고 말하는데 나는 일상에 딱 맞게 하리라 택하여도 한 달도 지켜 내지 못한다."

子曰, "人皆曰予知, 驅而納諸罟擭陷阱之中, 而莫之知辟也. 人皆曰
자왈, "인개왈여지, 구이납저고획함정지중, 이막지지피야. 인개왈

予知, 擇乎中庸而不能期月守也."
여지, 택호중용이불능기월수야."

■ 글자 풀이

고획함정(罟擭陷阱)

그물 · 덫 · 구덩이를 말합니다. 그물 · 덫 · 구덩이는 짐승을 잡는 도구들입니다. 잡히면 빠져나오기 힘듭니다. 그물 · 덫은 몸을 옭아매는

것이고 구덩이는 몸을 가두는 것입니다. 그물 · 덫 · 구덩이는 으슥하고 어둡고 들리지 않고 보이지 않게 '가려지고[은(隱)]', '드러나지 않는[미(微)]' 곳에 있기 마련입니다. 그래서 그 홀로 있을 때를 삼가야 하는 것입니다.

인개왈여지(人皆曰予知)

일반적으로 '사람들이 모두 나는 안다고 말하지만'이라고 새깁니다. 인(人)과 여(予)를 같이 보아 일반 사람들의 어리석음을 지적하는 것으로 풀이하는 것이죠. 그런데 인(人)을 일반 사람, 여(予)를 공자로 보면 '사람들이 모두 내가(공자 자신이) 지혜롭다고 말하지만'이라고 새길 수도 있습니다.

앞 장이 순임금의 대지(大知)에 대한 찬탄이라면 여기서는 일반 사람들에 대한 개탄이 아니라, 순임금에 대한 공자 자신의 모자람을 반성하는 것으로 보는 것이 더 구성적이고 드라마틱합니다. 『중용』이 순임금이나 공자의 저작 · 편집이 아니기에, 순임금과 공자를 병렬로 대비시키는 것보다 순임금에 대한 공자의 치열한 자기반성을 보여 주고 있다고 보는 것이 더 타당해 보입니다. 그래야 '중용'을 죽은 것이 아닌 살아 있는 것으로, 할 수 없는 것이 아니라 할 수 있는 것으로 여기게 하는 역설적 타이름이 될 수 있기 때문입니다.

■ 풀어 보기

6장은 순임금의 대지(大知)를 말하였습니다. 대지(大知)는 묻기를 좋아하고[호문(好問)], 살피기를 좋아하여[호찰(好察)] 자신을 돌아보고 남의 지혜를 자기 것으로 내면화하는 것입니다. 그리고 대지(大知)는 아는 것에 그치는 것이 아니라 선오(善惡)의 상대하는 감정에서 어느 한 쪽을 놓지 않고 상황에 딱 들어맞게 사용하는 것입니다. 곧 대지(大知)는 앎에 관한 인식적 개념이 아니라 자신의 감정을 상황에 맞게 드러내는 행위적(임금의 자리에서는 정치적 행위) 개념입니다.

그런데 스스로 안다고 자처하고 자부하는 자들은 사람이 가야 할 길을 지나쳐 버리고, 사람이 가서는 안 되는 길 곧 그물 · 덫 · 구덩이 가운데로 가면서도 그것이 사람이 가면 안 되는 길인 줄을 모릅니다. 그물 · 덫 · 구덩이는 사람이면 가지 말아야 할 길을 말합니다. 현실을 벗어난 높고도 먼 형이상적 그물과 덫, 과도하다 못해 짐승처럼 식(食) · 색(色)의 구덩이에 빠지는 것이죠.

또 자신이 잘한다고 자처하는 자들은 사람의 길을 가겠다고 하면서도 한 달도 다 지켜 내지 못합니다. 결국 알되 잘못 알고 있으며, 잘 알았으되 알기만 하고 행동으로 실현하지 못한 것이고, 행동으로 실현한다 해도 오래하지 못한 것입니다. 곧 '앎-실천-오래함'이 함께 이루어질 때 대지(大知)라고 할 수 있는 것입니다.

그런데 사람들이 공자를 지혜로운 자라고 우러르고 있지만, 정작 공자 자신은 '앎-실천-오래함'의 꼭짓점을 연결시키지 못하고 있음에 대해 치열한 자기반성을 하고 있습니다. 일반인들은 안다고 자처할 뿐 묻고 살피지도 못하고 있습니다. '앎-실천-오래함'이 철저하게 내면화되지 못하고 있음에 대하여, 묻고 살피고 있다는 그것이 공자의 위대함이라고 할 수 있습니다. 순임금은 역사적 인물이면서 동시에 신화적으로 칠해진 존재입니다. 그러나 공자는 철저하게 역사적이면서 현실적 존재입니다. 공자가 '앎-실천-오래함'의 신화적 옷을 입고 있었다면『중용』의 메시지는 생동감 없는 격언일 뿐입니다.

공자가 순임금을 들어 자신의 무지와 허약한 실천 능력을 고백한 것이라면, 우리는 공자를 들어 우리의 무지와 빈약한 실행 능력에 대한 고백이 있어야 할 것입니다.

■ 또 하나의 생각

그물 · 덫 · 구덩이

그물 · 덫 · 구덩이는 가던 길을 가지 못하게 하는 것들입니다. 앞으로 갈 수도 없고 되돌아갈 수도 없습니다. 움직이면 움직일수록 더 깊게 걸리고 더 힘이 빠집니다. 결국 몸부림치다 그곳에서 한 걸음도 더 나가지 못하고 끝을 맞이하게 됩니다.

그물 · 덫 · 구덩이는 누가 왜 만드는 것일까요? 동물 잡는 그물 · 덫 · 구덩이는 사람이 만듭니다. 잡아먹기 위해서 혹은 길들이기 위해서 만들죠. 동물 잡는 그물 · 덫 · 구덩이는 물리적 물건입니다. 그런데 사람이 빠지는 그물 · 덫 · 구덩이는 물리적 물건이 아닙니다. 바로 감정입니다. 그리고 그 감정은 동물이 만드는 것도 아니고 다른 사람이 만드는 것도 아닙니다. 사람이 빠지는 그물 · 덫 · 구덩이는 자신에 의해 만들어지고 자신이 그곳에 빠지는 것입니다.

기쁨 · 성냄 · 슬픔 · 즐거움이라는 감정이 흘러가 버리거나, 흐르지 못하고 멈추어 버리는 것이 사람의 그물 · 덫 · 구덩이입니다. 과도한 기쁨의 감정 추구는 현실을 인정하지 못하고 가상의 기쁨을 찾게 합니다. 그러면 환각의 세계나 사이버 세상에서 헤매이게 될 것입니다. 성냄의 감정에서 빠져나오지 못하면 있지도 않은 적을 만들어서 싸우기만 할 것입니다. 슬픔의 감정에 멈추어 버리면 자신과 세상에 대한 비관적 전망을 넘어서 존재 자체를 부정하게 될 것입니다. 즐거움의 감정에 걸리면 잡기(雜技)에 삶의 자리를 내주게 될 수도 있습니다.

이런 그물 · 덫 · 구덩이는 세상이 만들어 놓은 것이 아니라 내가 만들고 내가 빠져서 헤어나오지 못하는 것입니다. 세상이 나에게 주어진 것이 아니라 나에 의해 세상은 구성되는 것입니다. 그런데 마치 세상이 그런 것처럼, 사회가 그런 것처럼 여기는 것은 자신이 만들지 않은 그물 · 덫 · 구덩이에 빠지는 동물적 차원의 푸념이고 원망과 다르지 않습니다. 동물을 잡는 그물 · 덫 · 구덩이는 가려지고 숨겨 있지만 사람이 빠지는 그물 · 덫 · 구덩이는 사람들이 북적이며 오가는 대로에도, 조명 찬란한 밤길에도 있습니다. 그러나 결국 그 그물 · 덫 · 구덩이에 빠지느냐 그렇지 않느냐는 것은 남들은 보고 듣기 어려운, 자신[기독(其獨)]에게 숨겨져[은(隱)] 있는 작고 작은[미(微)] 마음의 싹에 달려 있는 것입니다. 그리하여 벌건 한낮의 대로에서도, 조명 찬란한 북적이는 밤길에서도 나는 '그 홀로 있음을 삼가야[신기독(愼其獨)]' 하는 것이죠.

8장

품어 놓지 않으리라

공자께서 말씀하셨다. "안회(顔回)의 사람됨이여! 일상에 딱 맞게 하리라, 선택하여 하나라도 잘하게 되면 받들고 받들어 가슴속에 넣어 그것을 놓지 않으려고 애쓰는도다."

子曰, "回之爲人也, 擇乎中庸, 得一善, 則拳拳服膺而弗失之矣."
자왈, "회지위인야, 택호중용, 득일선, 즉권권복응이불실지의."

■ 글자 풀이

득일선(得一善)

'하나의 선(善)이라도 얻으면'으로 새기는 것이 일반적입니다. 그렇게 되면 선(善)이라는 실체가 있고, 그것이 우연히 주어지게 되는 것으로 읽히게 될 수 있습니다. 그래서 '하나라도 잘하게 되면'으로 새겨보았습니다.

우리는 삶의 과정 속에서 셀 수 없는 사물과 사건과 사람과 상황을 만나게 됩니다. 그 복합적 만남 속에서 잘할 수 있는 것도 수없이 많습니다. 그러나 그 '잘함'을 우리는 지나쳐 버리기 일쑤입니다. 그래서 '잘함'이 순간적인 것이 되고 바람처럼 날아가 버리기도 합니다. 그 '잘함'을 붙들어 내면화, 습관화, 주체화해야 한다는 거죠.

■ 풀어 보기

6장이 대지(大知)로서의 순임금에 대한 동경, 7장이 '앎-실천-오래함'을 하지 못하는 공자 자신의 한탄이라면, 여기 8장은 '앎-실천-오래함'을 실현하는 공자의 제자 안회에 관한 이야기입니다. 안회가 등장하는 것은 순임금은커녕 제자도 하는 것을 나는 못하고 있다는 공자의 고백을 한층 심화시키는 동시에, 누구나 중용을 할 수 있다는 가능성을 더 열어 놓는 두 가지 효과를 가져옵니다.

순임금은 역사적이면서 신화적 존재이고 정치가입니다. 물론『중용』에서의 순임금은 '임금'으로서의 인정(仁政)과 '아들[자녀]'로서의 효(孝)를 모두 실현한 존재로 설명되지만 정치 또한 효의 확대이며, 거기에는 국가 또한 가정에서 출발한다는 전제가 깔려 있습니다.

안회는 역사적이며 현실적 존재이면서 정치가가 아니라 학자 혹은 사람 일반을 상징합니다. 6장의 '은오이양선(隱惡而揚善), 집기양단(執其兩端), 용기중어민(用其中於民)'은 임금으로서의 순이 마주보는 감정을 다잡아 백성들에게 사용하는 정치 행위로 이해할 수 있습니다. 그런데 여기 8장의 '택호중용(擇乎中庸), 득일선(得一善), 즉권권복응이불실지의(則拳拳服膺而弗失之矣)'는 사람 일반으로서의 안회의 실천입니다.

안회는 그물 · 덫 · 구덩이를 피할 줄 압니다. 그것은 중용과 중용 아닌 것을 가려낼 줄 알고, 잘하는 것을 얻게 되면 그것을 자기 것으로 하기 위해 부단히 노력하기 때문입니다. 말하자면 안회는 '가려냄-하나를 얻음-지킴'을 잘하는 것이죠. 순임금이 순임금다운 것이 대지(大知)에 있다면, 안회가 안회다운 것은 '가려냄-하나를 얻음-지킴'에 있다고 하겠습니다. 여기서의 무게는 '하나라도 얻어 그것을 오래함'에 있습니다. 사람으로서 가야 할 길을 가려냄이 성(性)에 가까운 것이어서 누구나 알 수 있는 것[솔성(率性)]이라면, '하나라도 얻어 그것을 오래함'은 그렇게 해야만 하는 당위성이며 노력[수도(修道)]입니다. 그렇다면 순임금의 순임금다움은 솔성(率性)에 있고, 안회의 안회다움은 수도(修道)에 있다고 할 수 있습니다.

『중용』의 편집자인 자사는 솔성(率性)의 순임금을 말하고, 그것을 못하는 공자의 고백을 인용하여 『중용』을 읽는 우리에게 전망과 위안을 동시에 주고 있습니다. 그리고 다시 수도(修道)의 안회를 드러내어 공자의 고백을 더욱 강화시킴과 동시에 우리에겐 전망과 희망을 더 구체화시키고 있습니다. 우리는 많은 것도 아니고, 두 가지도 아니라 단 하나라도 잘하는 것을 얻어 그것을 오래하면 되는 것입니다. 순임금의 솔성(率性)이 불가능은 아니지만 어려운 것이라면, 안회의 수도(修道)는 불가능이 아닐 뿐더러 어려운 것은 더더욱 아니라는 것입니다.

■ 또 하나의 생각

가슴에 품기 – 복응(服膺)

일요일에 교회를 가는 사람들은 열이면 열 모두가 바이블(Bible)을 가슴에 '품고' 갑니다. 바이블을 덜렁덜렁 흔들며 가는 사람은 없습니다. 엄마 · 아빠는 갓난아이를 가슴으로 꼭 끌어안습니다. 군대 간 아들의 사진을 보며 가슴으로 안습니다. 좋은 일로 받은 표창장을 가슴으로 안고 갑니다. 그리고 죽은 자식도 가슴에 묻습니다.

이 모든 행위들은 '가슴-품기'의 예입니다. 가슴은 물리적으로는 심장이고 생물학적으로는 생명이며, 문학적으로는 열정이고, 사회학적으로는 소통이고, 철학적으로 존재의 울림이라고 할 수 있습니다. '가슴-품기'는 심장으로, 생명으로, 열정으로, 소통으로, 존재의 울림으로 안는다는 것이죠. 그렇게 안아야, 품어야, 담아 놓아야 심장이 뛰고 생명이 살며, 열정이 타오르고, 통하고, 존재를 느낄 수 있습니다.

그런데 무엇을 가슴에 품느냐의 문제가 생깁니다. 바이블을 품는 것은 자신이 믿는 신에 대한 경배의 징표일 테고, 자녀를 품는 것은 부모로서의 자연적 본능이고, 표창장을 품는 것은 자신이 자랑스러워서일 겁니다. 그런데 안회가 품은 것은 '일선(一善)'입니다. 하늘을 꿈꾸며 현실을 벗어나려는 기원도 아니고, 선과 악으로 규정될 수 없는 생존의 본능도 아니며, 자신에 대한 남들의 평가에 대한 기억도 아닙니다. 오직 '자신이 잘 할 수 있는 것 한 가지'입니다.

'잘한다'는 것은 능숙하다는 뜻도 되지만 '딱 맞게 한다', '좋게 한다'는 의미도 함께 갖고 있습니다. 우리는 잘하는 것이 많습니다. 먹는 것도 잘하고, 노는 것도 잘하고, 공부도 잘하고, 컴퓨터 잘하고, 일도 잘 합니다. 그런데 '가슴-품기'는 못하고 있습니다. '가슴-품기'는 '지킴'이고, '지킴'은 '오래함'이고, '오래함'은 '내 것으로 하기'입니다. 수많은 것을 잘하면서도 그것을 내 것으로 만들지는 못하고 있다는 거죠. 우리들 대부분은 오직 돈, 명예, 연인에 대한 사랑을 가슴에 품는 것으로 알고 있습니다. 그러나 돈은, 명예는, 연인에 대한 사랑은 흘러가는 것입니다. 가슴에 품어지는 것이 아니라 흘러가는 것들인 거죠. 가슴에 품기에는 물 같아서 잡을 수 없는 것들입니다. 그것들은 나로부터 생기는 것이 아니기 때문입니다. 내가 품을 수 있는 것은 나로 인해 구성되는 세계일 때 가능합니다. 나로 인해 구성된 세계, 그것을 품어야 합니다. 날아가지 않게, 잃어버리지 않게.

9장

칼날은 밟을 수 있다. 그러나……

공자께서 말씀하셨다. "온 세상과 나라와 집안은 고르게 할 수 있는 것이다. 벼슬과 재물은 사양할 수 있는 것이다. 시퍼런 칼날은 밟을 수 있는 것이다. 그런데 상황에 딱 들어맞게 하는 것은 할 수 없는 것인가 보다!"

子曰, "天下國家可均也, 爵祿可辭也, 白刃可蹈也, 中庸不可能也."
자왈, "천하국가가균야, 작록가사야, 백인가도야, 중용불가능야."

■ 글자 풀이

백인(白刃)

시퍼런 칼날을 말합니다. 잘 갈아서 날이 날카로워진 칼입니다. 그 칼날을 밟을 수 있는 사람은 용맹한 사람입니다. 드물기는 하겠지만 그런 사람이 없는 것은 아닙니다. 그러나 그것을 왜 밟느냐를 생각해 보아야 합니다.

■ 풀어 보기

순임금에 대한 치열한 자기반성, 제자 안연에 대한 더 진실한 자기 고백으로 그치지 않고 다시 한번 반성과 고백을 수렴하고 있습니다. 점층적으로 자기 고백을 강화함으로써 결국은 고백의 끝을 향해 가고 있습니다. 자기 고백의 끝에 가면 이제 자기 긍정을 만날 수 있게 됩니다. 다음의 10장이 자기 긍정의 출발점입니다. 9장은 자기 고백의 끝 지점이고, 10장은 자기 긍정의 출발인 것입니다.

이곳은 공자의 독백으로서, 할 수 있는 것과 할 수 없는 것을 대비하고 있습니다. 특별한 것과 일상적인 것의 대비이며, 일시적인 것과 항상적인 것의 대비입니다. 그리고 나의 밖에 있는 것과 나에 의한 것의 대비입니다.

온 세상과 나라와 집안을 고르게 하는 자는 능력 있는 사람입니다. 벼슬과 재물을 사양할 수 있는 사람은 청렴한 사람입니다. 시퍼런 칼날을 밟을 수 있는 사람은 용맹한 사람입니다. 고르게 함, 벼슬, 재물, 칼날은 일상적인 것이 아니며 특별한 것들입니다. 사람들은 그 특별함에 의미를 두어 우러르기 마련입니다.

그러나 그것들은 하기 어려울지라도 할 수 없는 것들은 아닙니다. 왜냐하면 일시적인 것들이고 어느 한쪽의 특장이기 때문입니다. 우리는 시퍼런 칼날을 밟을 정도의 용맹한 사람들을 간혹 접할 수 있으며, 벼슬과 재물을 사양하는 청렴한 사람들도 가끔 접할 수 있으며, 집안을 가지런히 하고 나라와 온 세상을 고르게 하는 사람도 드물게나마 찾을 수 있습니다. 공자도 그런 것은 어렵기는 하지만 할 수 있는 것들이라고 생각했습니다. 그런데 공자는 '상황에 딱 맞음[중용(中庸)]'은 하기 어렵다고 고백합니다.

시퍼런 칼날을 앞에 두고 밟아야만 용기 있는 것은 아닙니다. 상황성이 없이 밟기만 하면 만용이고 폭력과 다르지 않습니다. 벼슬과 재물을 사양해야만 청렴한 것은 아닙니다. 상황성이 없이 사양하기만 하면 인색이고 막힘입니다. 집과 나라와 온 세상을 고르게 해야만 능력 있는 것은 아닙니다. 상황성이 없이 고르게만 하면 획일화이고 억압이 됩니다.

고르게 함(능력), 사양함(청렴), 밟음(용맹)이 어려운 것이 아니라 그것을 상황에 맞추는 것이 어려운 것입니다. 그런데 우리들은 상황에 맞추는 것을 어렵다 하지 않고 능력, 청렴, 용맹이 어렵다고 여깁니다. 능력, 청렴, 용맹은 누구나 갖고 있는 것들입니다. 그리고 천하국가, 벼슬과 재물, 시퍼런 칼날은 바깥에서 주어지는 조건들 입니다. 그 조건들을 능력, 청렴, 용맹으로 대하는 것이 아니라 능력, 청렴, 용맹을 상황에 맞추어 대하라는 것인데, 그 상황에 맞추기[중용(中庸)]를 공자 자신은 못하고 있다는 것입니다.

천하국가, 벼슬과 재물, 시퍼런 칼날은 대상은 범위가 좁아지고 있습니다. 그런데 능력, 청렴, 용맹의 대응 방식은 '강함'으로 모아지고 있습니다. 그래서 다음 장은 '강함'에 대한 얘기로 이어지고 있습니다.

■ 또 하나의 생각

고르게 하기, 사양하기, 밟기 – 능력, 청렴, 용맹

천하국가, 벼슬과 재물, 시퍼런 칼날은 대상들입니다. 그리고 능력, 청렴, 용맹은 대응 방식이라고 할 수 있습니다. 천하국가는 능력으로 대하고, 벼슬과 재물은 청렴으로 대하고, 시퍼런 칼날은 용맹으로 대하라는 것이죠. 그런 식으로 이해하면 능력, 청렴, 용맹이 추구해야 할 가치가 됩니다. 그런데 능력, 청렴, 용맹이 항상 옳고 좋음은 아닙니다. 어떠한 상황 속에서의 능력, 청렴, 용맹이어야 하는 것이죠.

집안을 고르게 하는 것만이 능력이 아닙니다. 고르게 할 때, 고르게 할 것에 대해서 고르게 하는 것이 진정한 능력입니다. 벼슬과 재물을 사양하는 것만이 청렴이 아닙니다. 다스릴 대상이 있고 다스려야 할 때는 벼슬에 있는 것이 청렴이며, 재물이 필요할 때는 재물을 버는 것이 청렴입니다. 시퍼런 칼날을 밟아야만 용맹한 것이 아닙니다. 칼을 뽑아야 할 때, 칼을 써야 할 대상에게 쓰는 것이 진정한 용맹입니다. 그러면 '해야 할 때, 해야 할 곳에서, 해야 할 것에 대해 하는 것[중용(中庸)]' 이야말로 항상적인 가치를 갖습니다. 능력, 청렴, 용맹은 추구해야 할 가치가 아니라 대응 방식이고, 추구해야 할 가치는 중용(中庸)에 있는 것이죠. 그래서 능력, 청렴, 용맹은 할 수 있지만 일시적인 것이며, 중용(中庸)은 항상적인 것이지만 하기 어렵다는 것입니다.

10장

어울리되 흘러가지 마라

자로가 강(强)함이 무엇인지 물으니 공자께서 말씀하였다. "(네가 말하고자 하는 강함이) 남쪽 지방의 강함인가, 북쪽 지방의 강함인가, 아니면 너의 강함인가? 너그러움과 부드러움으로 가르치고 도(道)가 없는 것에 대응하지 않는 것이 남쪽 지방의 강함이라는 것이니 스스로 군자(君子)라고 자처하는 자들이 그것을 따르려고 한다. 무기를 들고 갑옷을 입은 채로 죽는다고 하여도 싫어하지 않는 것이 북쪽 지방의 강함이라는 것이니 스스로 강하다고 하는 자들이 그것을 따르려고 한다.

子路問强, 子曰, "南方之强與, 北方之强與, 抑而强與. 寬柔以敎, 不
자로문강, 자왈, "남방지강여, 북방지강여, 억이강여. 관유이교, 불

報無道, 南方之强也, 君子居之. 衽金革, 死而不厭, 北方之强也, 而
보무도, 남방지강야, 군자거지. 임금혁, 사이불염, 북방지강야, 이

强者居之.
강자거지.

네가 따라야 할 진정한 군자란 감정을 알맞게 드러내어 화평하게 하되 무리에 휩쓸려 가지 않아야 할 것이니 강하다 꿋꿋함이여! 가운데에 곧추서서 다른 것에 기대지 않으니 강하다 꿋꿋함이여! 나라에 사람들이 가야 할 길이 잘 드러나 있을 적에는 길이 막혀 있었을 때의 뜻을 변치 않게 하나니 강하다 꿋꿋함이여! 나라에 사람들이 가야 할 길이 잘 드러나지 않을 때에는 도(道)를 지키다 죽음에 이른다 해도 변하지 않으니 강하다 꿋꿋함이여!"

故君子和而不流, 强哉矯, 中立而不倚, 强哉矯, 國有道, 不變塞焉,
고군자화이불류, 강재교, 중립이불의, 강재교, 국유도, 불변색언,

强哉矯, 國無道, 至死不變, 强哉矯."
강재교, 국무도, 지사불변, 강재교."

■ 글자 풀이

불보무도(不報無道)

불보(不報)에 대해 일반적으로 '보복하지 않다'로 새기고 있습니다. 그런데 보복하지 않는 것도 무도(無道)에 대한 하나의 대응이라고 할 수 있습니다. 즉 보복하지 않는 방식으로서의 대응인 것이죠. 그 대응이 유순(柔順)하다고 하여 중용(中庸)에 미치지 못함으로 해석하는 경우도 많습니다. 그런데 보복하지 않는 방식의 대응은 어떤 경우에는 '미치지 못함'이 아니라 '지나쳐 버림'일 수도 있습니다. 그래서 아예 대응하지 않는 것으로 풀어 보았습니다. 대응하지 않는 것은 문제의 회피이고 도

피로써 책임을 벗어나려는 얕은 심정일 수 있습니다.

■ 풀어 보기

자로(子路)는 공자의 제자인데 성질이 불같으며 용맹한 인물로 묘사되고 있습니다. 앞 장에서 천하국가를 다스리고 벼슬과 재물을 사양하고 시퍼런 칼날을 밟을 수는 있지만 중용(中庸)은 지키기가 어렵다고 하였는데, 여기에서 강(强)을 드러낸 것은 중용을 지키는 데 용기가 필요함을 말하는 것이라고 할 수 있습니다.

강함은 다른 말로 하면 용(勇)입니다. 다른 사람을 물리적으로 제압하는 것도 용기이며, 자신에게 닥친 고난을 견뎌 내는 것도 용기이지만 진정한 용기는 불의(不義)에 흔들리지 않는 것을 말합니다. 다른 사람을 물리적으로 제압하는 것이나, 자신에게 닥친 고난을 견뎌 내는 것은 외재적인 것이지만 불의에 흔들리지 않는 것은 자신에 대한 일입니다. 자신의 이익을 위해 완력을 쓰거나 속임수로 남을 이기려고 하는 것은 하찮은 용기일 뿐입니다. 폭력배들의 용기에 불과한 것이죠. 진정한 용기는 세상을 바르게 하고자 하는 원칙과 이상이 있고, 그 원칙과 이상을 지키기 위해 자신의 이익을 버리는 희생을 감수하는 것입니다.

지금은 완력이나 경제력, 권력을 통해 자신의 이익을 극대화하는 것이 정당한 것으로 여겨지고 있는 세상입니다. 사회의 지도자라는 사람들의 적나라한 모습이기도 합니다. 완력을 상징하는 조직 폭력배들이 청소년들의 우상이 되고, 경제력을 가진 자가 더 갖기 위해 교묘하게 가난한 자들의 주머니들을 털어 가며, 권력 있는 자가 권력을 사용하여 부를 축적하는 것이 당연시되고 있습니다. 우리 사회가 하찮은 용기를 높게 여기고 있다는 증거입니다. 위아래가 모두 완력이든 경제력이든 권력이든 '힘'을 가지려고 하고, 자신의 이익을 위해 그 '힘'을 쓰려고 합니다. 그래서 착한 사람이 대우받는 사회가 아니라 힘이 센 자가 동경의 대상이 되는 사회가 되었습니다. 그런데 맹자는 용(勇)에 대해 다음과 같이 말합니다.

> 북궁유가 용을 기르는 방식은 피부를 찔러도 움찔거리지 않고, 눈동자를 찔러도 눈을 깜짝이지 않는 것이다. …… 맹시사가 용을 기르는 방식은 남들은 이기지 못할 것이라 하지만 자신은 이길 수 있다고 하면서 적을 헤아린 후에야 나아가고, 승리할 것을 재어 본 다음에 싸우는 것은 두려워하는 것이라고 여긴다. …… 두 사람의 용 가운데 누가 더 훌륭한지 알 수 없다.

상대방이 누구이든지간에 자신의 힘을 믿는 것도 용이고, 상대방의 힘을 전혀 두려워하지 않는 것도 용입니다. 북궁유는 힘이 센 것을 용이라고 보았습니다. 그래서 북궁유의 용은 힘으로 표현됩니다. 자신을 건드리는 어떤 상대방에게도 힘으로 응징합니다. 심지어 왕까지도 말입니다. 그래서 북궁유가 무서워한 제후가 없었다고 합니다. 맹시사는 두려움이 없는 것을 용이라고 보았습니다. 맹시사의 용은 자신에게서 나오는 것입니다. 상대방의 힘이 고려 대상이 아닙니다.

북궁유와 맹시사의 용맹도 용맹은 틀림없지만 둘 다 물리적인 힘을 전제로 하고 있습니다. 그렇지만 물리적 힘이 용기가 되기 위해서는 도덕 실현의 수단인 한에서 만 그렇습니다. 힘을 기르는 것은 옳은 일을 행하기 위해서일 때 정당성을 갖습니다. 그래서 용은 의(義)와 짝하고 있습니다. 그리고 의는 인(仁)을 바탕으로 해야 합니다. 인한 사람만이 옳고 그름을 판단할 때 사사로운 감정이나 이로움에 치우침이 없기 때문입니다.

이 장에서는 소위 '강(强)-용(勇)'의 여러 가지 형태가 등장하고 있습니다. 우선 지역적으로는 남방과 북방으로 구분하고 있으며, 강함의 특성으로서는 '관유이교, 불모무도(寬柔以敎, 不報無道)'와 '임금혁, 사이불염(衽金革, 死而不厭)'으로 구분하고 있습니다. 그리고 군자와 강자를 대비시키고 있습니다. 그런데 이런 구분들은 사람들이 강하다고 잘못 알고 있는 것들이며 균형 잡히지 않은 편견입니다. 만약 남방, 북방 등 지역에 따라 어디는 강하며 어디는 강할 수 없다 하면 이것만큼 심각한 지역주의, 제국주의가 아닐 수 없습니다. 또한 너그러움과 용맹함, 응대하지 않음과 싫어하지 않음은 외적 자극에 대한 특정한 반응이지 강함 자체는 아닙니다. 그리고 군자라고 자처하는 것, 강자라고 자처하는 것은 길을 닦아 가는 것[수도(修道)]이 아니며 주체적으로 자신의 삶을 사는 것이 아니라 수동적으로 남의 길을 가는 것입니다.

공자가 자로에게 말하고 있는 강함은 자로라는 특정 인물이 아니라 우리들 일반에게 하는 말입니다. 그 강함은 신정한 강함, 진정한 용의 모습을 설명하고 있습니다. 이것은 지역의 구분이 없는 세계적 성격을 지니고 있는 것이며, 외적 자극에 대한 반응이 아니라 내면으로부터 솟

아나는[천명(天命)] 것이며, 자처하는 것이 아니라 스스로 그러한 것입니다.

그와 같은 용기는 '화(和), 중립(中立), 불변(不變)'의 세 가지 특성을 갖습니다. 이것을 세 꼭짓점으로 여기면 『중용(中庸)』에서 말하고자 하는 강함, 용기의 모습이 됩니다. 화(和)의 반대는 흘러감[유(流)]이고, 중립(中立)의 반대는 기댐[의(倚)]이고, 불변(不變)의 반대는 변절해 버림입니다. 아니, 반대라기보다는 경계로 읽을 수도 있습니다. 화(和)하면 흘러가 버리기 쉽고, 곧추서다 보면 다른 것에 기대기 쉽고, 불변하다 보면 상황을 파악하지 못하기 쉽기 때문입니다.

화(和)하면서 흐르지 않을 수 있는 것은 스스로가 곧추서 있기 때문이며[중립(中立)], 곧추서서 기대지 않는 것은 유도(有道) 시에는 무도(無道) 때의 마음가짐을, 무도(無道) 시에 유도(有道) 때의 지조를 잃지 않는 주체적 태도[불의(不倚)]를 가졌기 때문인 것입니다.

■ 또 하나의 생각

어울림과 흘러감

조화(調和)를 뜻하는 우리말로는 '어울림'이 가장 좋아 보입니다. 어울림은 '어-울림'으로 나누어 볼 수 있습니다. '어'는 뜻밖의 것을 보거나 듣거나 만났을 때 나오는 감탄사입니다. '울림'은 음파의 중첩 현상, 외적 자극이 마음에 닿아 감동을 일으키는 것, 진동수가 다른 두 음을 들을 때 마치 하나의 소리처럼 들리는 일 등등의 사전적 의미를 갖고 있습니다. 그런데 어울림을 '어, 울리네!'로 풀어서 보면, '어, 뜻밖에 내 마음에 와 닿네!' 정도로 이해할 수 있습니다. 그렇다면 어울림은 내 마음(감정)이 외적 자극으로부터 움직이게 되는 것이며, 내 마음(감정)의 움직임이 또 다른 대상(사람이든 사물이든 자연이든)에게 자극으로 전해져 그 대상도 울림을 받고, 그 울림은 또 다른 대상에게 자극으로 전해지는 것이 멈춤이 없는 것을 말한다고 하겠습니다. 어울림은 특정 공간에서만 이루어지는 것이 아니고 공간을 넘을 수도 있고 통시적으로도 가능합니다. 5천 년 전 단군의 탄생에 대해서 '어-울림'을 받을 수도 있고, 노숙자에게 목도리를 둘러 주는 사람을 보고 '어-울림'을 받을 수도 있는 것이죠.

'어-울림'은 머리로 전해지는 것이 아니라 가슴으로 주고받는 것입니다. 너와 나의 차이점을 분석하여 너 아닌 '나'를 척출하는 것이 아니라, 너와 나의 공통된 모습을 찾아 '우리'라는 지양체 속에 녹아드는 것입니다. 어울림이 가슴의 문제이고 '우리'라는 지양체라는 특성 때문에 녹아들어 버려[유(流)] '나'가 없어지는 '망아(忘我)'가 되어 버리기 십상이기도 합니다. 녹아들어 버리는 것이 어울림이기는 하지만 망아가 되어 버리면 되돌아올 수 없습니다. 흘러가 버렸기 때문입니다. 그래서 '어울려라. 그러나 흘러가 버리지는 말아라![화이불류(和而不流)]'라고 그 '미묘한' 경계선을 그어 놓은 것입니다.

그렇습니다. 그 경계선은 미묘합니다. 그래서 중용은 불가능하다고 하는지도 모릅니다. 경계선에 못 미치면 어울리지 못하고, 경계선을 지나치면 흘러가 버립니다. 경계선을 밟고 우뚝 서 있을 때 어울리면서도 흘러가 버리지 않게 됩니다. 그래서 '똑바로 곧추서라. 그러나 다른 것에 기대지는 말아라![중립이불의(中立而不倚)]'라고 한 것입니다. 화이불류(和而不流)가 대상과의 관계라며, 중립이불의(中立而不倚)는 주체의 확립이라고 할 수 있습니다. 주체가 확립되면 변하지 않는 것이 생깁니다. 그것이 바로 '불변(不變)'입니다. 불변하는 것은 대상이 아니라 자신입니다. 대상과 환경은 변합니다. 변화의 극단적인 예가 유도(有道)와 무도(無道)입니다. 도가 잘 펼쳐지는 환경도 있고, 도가 막혀 보이지 않는 환경도 있는 것이죠.

길이 잘 펼쳐져 있다고 하지만 딴마음을 먹으면 길을 벗어날 것이고, 길이 보이지 않는다고 해서 가지 않으면 안 되는 것입니다. 왜냐하면 길[도(道)]은 가야만 하는, 필연적이며 당위적이며 당연한 것이기 때문입니다. 그런데 길이 잘 펼쳐져 있을 때는[유도(有道)]는 길이 잘 보이지 않았을 때 길을 찾고자 했던 그 치열함이 시들어 버릴 수 있습니다. 길이 잘 보이지 않을 때[무도(無道)]는 길을 찾고자 하는 치열함의 싹마저 없어질 수 있습니다. 길이 펼쳐져 있든 잘 보이지 않든, '그 길[사람으로서 가야만 하는 길]을 가고자 하는 것'은 변하지 말아야 합니다.

결국 강(強)함이란 대상과 환경과 기질의 문제가 아니라 자신의 문제이며, 자신의 문제란 주체의 확립 외에 다른 것이 아닙니다. 주체가 서 있지 못할 때는 어울리는 것 같지만 흘러가 버리고, 대상과 환경에 따라 흔들려 버리게 되는 것입니다.

11장

길을 가다가 그만두지 말 것이라

공자께서 말씀하셨다. "이상한 것을 찾아내고 기이한 행동을 하는 데 뒷사람들이 그것을 잇는구나. 나는 그것을 하지 않겠노라. 군자라고 자처하는 자들이 길을 따라서 가는 듯 하다가 반쯤에서 그만두는구나. 나는 그치지 못하겠노라.

子曰, "素隱行怪, 後世有述焉, 吾弗爲之矣. 君子遵道而行, 半塗而
자왈, "소은행괴, 후세유술언, 오불위지의. 군자준도이행, 반도이

廢, 吾弗能已矣.
폐, 오불능이의.

진정한 군자는 중용에 의지할 뿐이다. 세상에서 물러나 알려지지 않아도 마음에 두지 않나니 오직 완성된 사람[성인(聖人)]만이 그것을 할 수 있구나."

君子依乎中庸, 遯世不見知而不悔, 唯聖者能之."
군자의호중용, 둔세불견지이불회, 유성자능지."

■ 글자 풀이

소은행괴(素隱行怪)

'색(索)'은 '소(素)'로 되어 있으나 이것은 오자이거나 착오입니다. 찾아내다, 헤집다는 뜻의 색(索)으로 쓰는 것이 옳습니다.

후세유술언(後世有述焉)

'술(述)'을 일반적으로는 칭술(稱述) 곧 지칭하여 서술하다는 뜻으로 새깁니다. 그런데 특이하다고 서술하는 차원을 넘어서 그것을 좇아 하려 한다는 것이 맥락상 더 어울리는 듯합니다. 그래서 '술(述)'을 잇다, 따라서 하다는 의미로 새겨보았습니다.

불회(不悔)

후회하지 않는다고 새깁니다. 그런데 후회라고 하면 어떤 반응(알아주지 않는 것)에 대한 일말의 서운함이 있다고 여겨지기도 합니다. 그래서 아예 반응 자체를 마음에 담아 두지 않는다고 보았습니다.

■ 풀어 보기

이 11장에는 '하지 않겠다[불위(弗爲), 불능(弗能)]'와 '할 수 있다[능지(能之)]'가 입체적으로 묘사되어 있습니다. '색은행괴(索隱行怪), 반도이폐(半塗而廢)'는 어렵지 않지만 하지 말아야 할 것이고, '둔세불견지이불회(遯世不見知而不悔)'는 어렵지만 해야 하는 것을 말합니다.

색은행괴(索隱行怪) : 특이하고 특별나고 멋져 보여서 그것을 좇는 사람들이 있지만 말 그대로 '특(特)'이하고 '특(特)'별한 것입니다. 특이하고 특별한 것은 재미있고 멋지지만 일회성이고 식상하기 쉽고 금방 물려 버립니다. 일상성과 평이성이 없는 것입니다. 우리에게 있어 밥이 일상적이고 평이한 것이라면 스테이크는 특별한 것이라고 할 수 있습니다. 밥은 늘 함께 하는 것이고 스테이크는 어쩌다 먹는 것입니다. 스테이크를 늘 먹을 수는 없습니다. 그러니까 공자는 가끔 스테이크를 먹을 수는 있겠지만 늘 먹지는 않겠다는 것입니다.

반도이폐(半塗而廢) : 할 것을 하다가 그만두는 것을 말합니다. 도둑질을 하다가 그만두는 것은 옳은 일입니다. 그런데 해야 할 것을 하다가 그만두는 것은 옳지 못한 것입니다. 그러니까 반도이폐(半塗而廢)는 두 가지 요소를 담고 있는 셈입니다. '해야 할 것과 그만두는 것'입니다. 이 두 가지 요소를 조합하면 네 가지 경우가 생깁니다. 해야 할 것을 그만두는 것, 해야 할 것을 그만두지 않는 것, 하지 말아야 할 것을 그만두는 것, 하지 말아야 할 것을 그만두지 않는 것이죠. 어느 것이 옳고 그른 것인지는 따질 필요도 없이 명백합니다. 가릴 필요도 없습니다. 해야 할 것이 무엇인지 알고 그것을 한 것은 지(知)와 행(行)이 모두 실현된 것입니다. 그런데 또 하나의 요구가 있으니 바로 '오래됨[구(久)]'입니다. 여기서 "중용을 오래하는 이가 드물구나!", "그 한 달을 채 지키지 못하는구나!"라는 3장과 7장의 공자의 탄식이 다시 들리는 듯합니다.

'마음에 두지 않는 것[불회(不悔)]'이 중요한 점이고, '둔세불견지(遯

世不見知)'는 그런 상황일 뿐입니다. 여기서의 세상(世上)이 반드시 통시적이고 거국적인 세계를 뜻하는 것이라고 볼 필요는 없습니다. 내가 관계 맺고 있는 나의 세상을 떠올리면 됩니다. 나의 감정으로 구성되어진 나의 세상 말입니다. 그런 세상에서 나의 딱 들어맞아진 감정[중화(中和)]에 대한 호응이 없다고 하더라도 그건 마음에 담아 둘 일이 아닙니다. 중용은 나의 문제이지 상황의 문제가 아닙니다. 중용에 의거하여 생각하고 행동했다면 그것에 대한 세상의 반응에 대하여 내가 호오(好惡)의 반응을 할 필요가 없습니다. 안타까워할 필요는 더더욱 없는 것입니다.

■ 또 하나의 생각

세상에서 물러남 – 둔세(遯世)

자연의 세계는 질서 정연합니다. 작은 것은 작은 것대로 큰 것은 큰 것대로 자기 모습을 가지고 있을 뿐이지 스스로 작다고 혹은 크다고 하지 않습니다. 잔잔한 산들바람은 잔잔하게, 휘몰아치는 태풍은 휘몰아치게 붑니다. 잔잔한 것이 정상이고 휘몰아치는 것이 옳지 못한 것이 아닙니다.

자연의 세계에는 '크다 · 작다, 정상이다 · 비정상이다'가 없습니다. '크다 · 작다, 정상이다 · 비정상이다'는 인간의 세계에 관한 일입니다. 인간의 세계는 주어지는 것이 아니라 만들어지는 것이기 때문이다. 그런 의미에서 문화(文化, culture)라고 합니다. 자연(自然, nature)은 '있음'이고, 문화는 '만들어 짐'입니다. 자연의 세계는 하나이지만 인간의 세계는 무한합니다. 인간 숫자만큼의 세계가 있고 인간들이 구성하는 만큼의 세계가 있다고 할 수 있습니다.

인간은 누구나 세계를 구성할 수 있습니다. 그런데 자신이 세계 구성의 주체인지 모르기 일쑤입니다. 자신의 세계가 아니라 남의 세계에 소속되어 버립니다. 남이 만들어 놓은 '크다 · 작다, 정상이다 · 비정상이다'의 기준에 들어가서 세상을 바라봅니다. 자신의 눈에 비친 아름다움이 아니라 남이 만들어 놓은 아름다움의 기준으로 아름답다고 합니다. 그러니 남의 사진을 들고 성형외과를 찾는 것이 이상할 것도 없는 셈입니다.

자신이 세계를 구성하지 않기 때문에 만들어진 어떤 세상을 고르게 되고, 특별하고 신기하고 괴이하고 눈에 잘 띄는 것을 찾기 마련입니다. 그것이 바로 색은행괴(索隱行怪)의 세상입니다. 고르는 세상인 만큼 자신이 구성하는 수고로움이 없고, 특별하고 기이한 것을 고르니 자신이 특별하고 기이하다고 여기게 됩니다. 그러나 자신이 구성한 세계가 아니니 자신의 삶이 아니고, 특별하고 기이할 뿐이니 일상에 뿌리내리지 못하게 됩니다. 일순간 눈에 띄고 사그라지는 구름과 같을 뿐입니다.

'세상에서 물러남'은 '세상'과 '물러남'을 나누어 읽어야 합니다. 우선 '물러남'은 '나아감'의 반대입니다. 물러남[퇴(退)]과 나아감[진(進)]은 삶의 과정에서 끊임없이 선택해야 하는 것입니다. 특히 지성인[사(士)]에게 있어서는 더욱 그렇습니다. 왜냐하면 지성인은 세계를 인식하고 구성할 줄 아는 사람이기 때문입니다. 나아간다고 해서 사회적 책임을 다하는 것이 아니고, 물러난다고 해서 사회를 등한시하는 것은 아닙니다. 조선 시대의 대표적인 은거형 지식인으로 알려져 있는 화담 서경덕은 선비의 출처에 대해 네 가지 경우를 제시합니다. 첫째는 도(道)를 행할 수는 있지만 상황[시(時)]이 안 맞아 도(道)를 품고 은거하는 것. 둘째는 백성들을 새롭게 할 수 있지만 자신이 아직 새롭게 되지 못하여 분수를 알고 은거하는 것. 셋째는 뛰어난 지도자가 있어 자신의 학문을 시험해 볼 수 있지만 산림(山林)에서 자유분방하게 자신이 좋아하는 것을 추구하며 사는 것. 넷째는 자신의 덕(德)이 미진하지만 백성들의 삶이 곤궁한 것을 앉아서 볼 수 없어 부득이 세상에 나가는 것입니다. 이렇게 보면 물러남도 나아감과 같이 사회와 세계에 대한 하나의 적극적 대응이 될 수 있습니다.

이제 어떤 세상에서 물러나고 어떤 세상으로 나아갈 것인가라는 '어떤 세상'의 문제가 남습니다. 물러나야 하는 세상은 '색은행괴(索隱行怪), 반도이폐(半塗而廢)'의 세상이고 나아가야 하는 세상은 '의호중용(依乎中庸)'의 세상입니다. '색은행괴(索隱行怪), 반도이폐(半塗而廢)'의 세상은 주체성이 없고 엉뚱한 것을 일삼거나 혹은 바른 것을 택하여 행하는 듯 하다 중간에 그만두어 버리는 세상입니다. '의호중용(依乎中庸)'의 세상은 자신이 구성한 세상입니다. 자신의 감정이 아주 적절하게 발현되어 이루어진 세상인 거죠. 기쁨이 기쁘게 드러나고 성냄이 성냄으로 드러나고 좋음이 좋음으로 드러나고 싫음이 싫음으로 드러나는 세상입니다. 그리하여 나의 감정이 대상과 타인과 교호되어 대상이 자기 자리에 있고, 타인이 나와 적절한 감정을 주고받아 화평해지는 세상이입니다. 그런 세상에 대한 구체적인 설명이 바로 다음에 나오는 12장입니다.

■ 한숨 돌리기 1 ■

1장~11장까지 읽어 보았습니다.

이쯤에서 한숨 돌리는 이유는 여기가 한고비이기 때문입니다. 그것도 아주 큰 고개를 넘은 것입니다. 『중용(中庸)』은 매우 정연한 편집 체제를 가지고 있습니다. 그 체제의 큰 구조는 지은이인 자사의 주장을 먼저 제시하고, 공자의 말 혹은 『시경(詩經)』의 시구를 인용하여 자신의 주장을 정당화해 나가는 것으로 되어 있습니다. 그래서 1장이 주장이라면 2~11장까지는 전개입니다. 1장이 『중용』 전체의 핵심이라면, 2~11장은 『중용』의 대강(大綱)이라고 할 수 있습니다.

1장은 하늘[천(天)]-성(性)-도(道)의 우주론적이고 존재론적 천명(闡明)에서 시작합니다. 그러나 자연 세계[천(天), 성(性)]는 인문 세계[도(道)]를 이끌어 내기 위한 존재론적 기반으로 제시될 뿐입니다. 핵심은 길[도(道)]에 있습니다. 길은 하늘의 길도 있고 사람의 길도 있는데, 사람의 길은 하늘의 길을 모범으로 해야 한다는 겁니다. 하늘의 길이 자연의 길이며 객관 세계의 길이고 펼쳐져 있는 길이라면, 인간의 길은 인문의 길이며 만들어 가야 하는 길입니다.

그리고 인간의 세계를 구성하는 것은 기쁨 · 성냄 · 슬픔 · 즐거움의 감정입니다. 감정을 벗어나는 인간의 세계는 없습니다. 성(性)이란 것도 선(善)이니 악(惡)이니 리(理)니 등으로 규정되기 이전에 그냥 주어진 감정일 뿐입니다. 선악으로 범주화되거나 리(理)로 추상화되기 이전에 그냥 주어진 감정 그대로의 상태가 중(中)입니다. 그 중(中)으로서의 감정이 드러남에 상황에 딱 들어맞을 때 화평[화(和)]한 세계가 구성되는 것입니다. 감정은 쉼 없이 드러나는 것이기 때문에 세계 또한 쉼 없이 구성되는 것이며, 화평한 세상을 구성하는 관건은 감정의 적절한 발현에 있는 것입니다. 감정의 적절한 발현은 홀로 있을 때, 즉 남의 이목에서 벗어나 있으나 감정의 싹이 드러날 때 더욱 삼가고 조심하는 데서부터 시작된다고 『중용』은 강조하고 있습니다.

2장부터 11장까지는 공자의 말을 근거로 하여 1장을 논증하고 있습니다. 그 구성의 순서는 대체로 다음과 같습니다. '사람의 길을 가는 것[중용의 실현]'이 쉽지 않음에 대한 탄식, 곧 공자의 우환의식이 표현되고 있습니다. 그리고 순임금과 안회와 자로라는 역사적 인물을 지(知)·인(仁)·용(勇)의 덕목으로 각각 특화시키면서 지행이 서로를 돌아보아야 함과 그것을 위한 노력을 은유적으로 설명하고 있습니다. 그리고 마지막으로 특별하고 기이한 것을 추구하지 않아야 하며, 사람의 길을 가다가 중간에 그만두는 일 또한 하지 말아야 한다는 공자 스스로의 다짐을 제시하는데 그것은 우리에게도 자신을 돌아보게 하는 효과를 주고 있다고 하겠습니다.

2부

그런 사람이 있으면
그런 정치가 펼쳐진다

12장

위대한 창조자, 부부

사람다운 사람이 되고자 하는 이[군자(君子)]가 가야 할 길은 넓기도 하고 가려져 있기도 하다. 부부의 아둔함으로 알 수 있기도 하지만 그 지극함에 이르러서는 비록 완성된 사람[성인(聖人)]이라도 알지 못하는 바도 있다. 부부의 어리석음으로 할 수 있기도 하지만 그 지극함에 이르러서는 비록 완성된 사람이라도 할 수 없는 바도 있다.

君子之道費而隱. 夫婦之愚, 可以與知焉, 及其至也, 雖聖人亦有所
군자지도비이은, 부부지우, 가이여지언, 급기지야, 수성인역유소

不知焉. 夫婦之不肖, 可以能行焉, 及其至也, 雖聖人亦有所不能焉.
부지언. 부부지불초, 가이능행언, 급기지야, 수성인역유소불능언.

천지(天地)가 크기는 하지만 사람들이 오히려 서운해하는 바가 있다. 그런데 사람다운 사람이 되고자 하는 이가 큰 것을 말하면 세상이 그것을 다 실어 내지 못하고, 작은 것을 말하면 세상이 그것을 깨뜨리지도 못한다.

天地之大也, 人猶有所憾. 故君子語大, 天下莫能載焉, 語小, 天下莫能破焉.
천지지대야, 인유유소감, 고군자어대, 천하막능재언, 어소, 천하막능파언.

시경(詩經)에서 "솔개는 하늘에 날고, 물고기는 연못에서 뛰노는구나!" 고 했으니 위아래가 모두 밝게 드러남을 말한 것이다. 사람다운 사람이 되고자 하는 이가 가야 할 길은 부부에서 실마리가 시작되면서도 그 지극함에 이르러서는 천지(天地)에까지 밝게 드러난다.

詩云, "鳶飛戾天, 魚躍于淵.", 言其上下察也. 君子之道, 造端乎夫婦, 及其至也, 察乎天地.
시운, "연비려천, 어약우연.", 언기상하찰야. 군자지도, 조단호부부, 급기지야, 찰호천지.

■ 글자 풀이

비이은(費而隱)

넓게 쓰이면서도 은미하다로 해석합니다. 비(費)는 '쓰임'의 광대함, 은(隱)은 '본체'의 은미함으로 보아 비은(費隱)을 체용(體用)의 구조로 환원하여 설명하기도 합니다. 그런데 글자의 뜻에 충실하게 쓰임(넓음), 가려짐으로 해석했습니다. 왜냐하면 군자의 가야 할 길[도(道)]을 설명하는 것이기 때문입니다. 1장에서 말하는 것처럼 사람이 가야 할 길은 주어져 있기도 하고 보이지 않을 수도 있습니다. 그래서 '길을 찾음[수도(修道)]'이 필요한 것입니다.

군자(君子), 부부(夫婦), 성인(聖人)

성인은 부부이면서 성인이고, 군자도 부부이면서 군자입니다. 군자이면서 성인, 성인이면서 군자는 없습니다. 군자이거나 성인입니다. 그런데 여기서의 주어는 부부나 성인이 아니고 군자라고 보아야 합니다. 성인은 '완성되어 버린' 이념형 인간입니다. 부부는 존재의 기반일 뿐이지 지향처는 아닙니다. 군자는 이념형이 아니라 현실형 인간이고, 생물학적 존재 기반을 벗어난 인문적 존재입니다. 그래서 주어가 군자가 된 것입니다.

천지(天地), 천하(天下)

천지나 천하는 모두 세상 · 우주 · 자연 · 세계 등등의 뜻을 갖고 있습니다. 그러나 기왕에 자연과 인문을 구분하였으니 천지(天地)는 자연으로서의 세계, 혹은 물리적 우주라는 의미로 이해하였습니다. 천하(天下)도 자연으로서의 세계를 뜻할 수도 있지만 여기서는 인문으로서의 세계로 보았습니다.

천지는 펼쳐져 있고 주어지는 것이지만, 천하는 만들고 구성하는 것입니다. 어떤 천지를 만드느냐는 인간 밖의 일이지만, 어떤 천하를 만들 것인가는 인간에게 달려 있습니다. 천지 외에 또 하나의 세계를 만들 수 있는 것은 인간뿐입니다. 그런 면에서 인간은 하늘 · 땅과 함께 우주를 창조적으로 만들어 가는 세 번째 주인공이 되는 것입니다.(이것은 22장에서 다루어지고 있습니다.)

연비려천 어약우연(鳶飛戾天, 魚躍于淵)

"솔개는 하늘에 날고, 물고기는 연못에서 뛰노는구나!"라고 해석했습니다. 이 구절은 천지의 조화 · 자연의 순리 · 평화로운 세상 등을 시적으로 표현한 것으로 유명한 구절입니다. 그런데 솔개는 날고 있고, 물고기는 헤엄치고 있는 당연한 현상을 놓고 왜 조화 · 순리 · 평화라는 거창한 비유를 하는 걸까요?

답은 의외로 간단합니다. 솔개는 날아야 하고, 물고기는 헤엄쳐야 하는 것이 자연의 순리인데, 순리대로 되고 있으니 조화니 평화니라고 말하는 것입니다. 그런데 왜 조화와 순리가 되는 것인지 좀 더 따져 들어갈 필요가 있습니다. 일단, 솔개를 주인공으로 해서 의문의 형태로 만들어 보면 다음과 같이 될 수 있습니다.

의문 1. 솔개는 '왜' 날까?
의문 2. 솔개는 '어떻게' 날까?
의문 3. 솔개가 '날지 않고' 헤엄을 친다면?
의문 4. 솔개는 '날아야만' 하는 걸까?

의문 1에 대해 '솔개니까'라고 대답하면 의미가 없습니다. 의문 1의 '왜'는 솔개가 솔개인 까닭과 관계가 있는 것입니다. 그 까닭을 소이연

(所以然)이라고 합니다.

의문 2의 '어떻게'는 생물학이나 물리법칙의 영역이라고 하겠습니다. 자연과학적 의문인 거죠.

의문 3은 의문 1과 유사한 질문입니다. 그러나 그 초점이 다릅니다. 솔개가 날지 않는 세계가 있을 수 있다 하더라도, 그런 세계는 지금 이 세계와는 다른 세계입니다. 지금 이 세계가 이 세계인 것은 솔개가 날기 때문입니다.

의문 4의 핵심은 '날아야만'이라는 데 있습니다. 솔개는 날기 때문에 솔개입니다. 날지 않는 솔개는 생긴 모습이 솔개일지라도 솔개라는 이름에 어울리지 않습니다. 이렇게 솔개가 솔개다운 것, 이름에 걸맞아야 하는 것을 소당연(所當然)이라고 합니다.

이제 의문을 다시 정리해 보도록 하겠습니다.

첫째, 솔개에는 두 가지 의미를 부여할 수 있습니다. 하나는 솔개라는 '모습'을 구성하는 어떤 것이고, 다른 하나는 '난다'라는 것입니다. '모습'을 구성하는 어떤 것을 기(氣)라고 하고, '솔개는 난다'와 같이 각각의 모습에 걸맞는 무엇을 리(理)라고 합니다. 이렇게 '솔개가 난다'는 현상을 리와 기라는 두 가지로 개념으로 설명할 수 있는데, 그렇게 설명하고자 하는 것이 성리학입니다.

둘째, 리는 두 가지 측면이 있습니다. 의문 1의 '왜'라는 면과, 의문 4의 '날아야만'이라는 면입니다. '왜'는 소이연이고, '날아야만'은 소당연입니다. 소이연은 어떤 사물이 그 사물이 되는 까닭이고, 소당연은 어떤 사물이 반드시 그래야만 하는 법칙에 해당합니다. 소이연이 원리라면, 소당연은 당위적 법칙이라고 할 수 있죠.

비록 솔개만이 그런 것이 아니고 천지 만물은 모두 원리와 법칙 속에 있습니다. 예를 들어 사람을 생각해 봅시다. 사람에게는 모습을 구성하는 기, 사람이 되는 원리, 사람으로서 마땅히 해야 할 법칙이 있습니다. 솔개의 모습과 사람의 모습은 다릅니다. 즉 기는 사물마다 다른 것이죠. 그러나 솔개나 사람은 모두 '낳고 살리는 이치'에 의해 태어납니다. 소이연으로서의 원리는 같다는 겁니다. 그러나 소당연은 다릅니다. 솔개의 소당연이 '나는 것'이라면, 사람의 소당연은 사랑[인(仁)]의 실천입니다. 그리고 인의 실천은 부모와 형제를 사랑하는 것에서 시작합니다. 따라서 부모 형제를 사랑하지 않는 사람은, 마치 날지 않는 솔개와 다르지 않은 것입니다.

■ 풀어 보기

군자(君子), 성인(聖人), 부부(夫婦)를 세 층차의 사람으로 여길 필요는 없습니다. 부부는 자연(自然)의 세계[천지(天地)]이고, 자연의 인간입니다. 그리고 군자와 성인은 인문의 세계[천하(天下)]이고 인문 세계의 인간입니다. 자연 세계를 떠난 인문 세계는 없습니다. 그러니 부부를 떠난 군자나 성인은 있을 수 없는 것이죠. 자연 세계는 존재의 근원이고, 인문 세계는 인간다운 삶의 세계입니다. 따라서 군자도 성인도 모두 부부이면서 군자이고 부부이면서 성인입니다. 자연 세계로부터 인문 세상이 있기 때문이죠. 이것은 1장의 '천(天)-성(性)-도(道)'의 구조와 다르지 않습니다. '천(天)-성(性)-도(道)'가 추상화된 구조라면 '부부-군자·성인'의 구도는 구체화되고 현실화된 구조라고 할 수 있습니다.

부부의 아둔함, 부부의 어리석음이라는 것은 부부들이 아둔하고 어리석다는 것이 아니라 자연 세계의 차원이라는 뜻입니다. 자연 세계의 차원에서도 알 수 있고, 할 수 있는 것이 있습니다. 그렇기에 삼라만상이 펼쳐집니다. 인간의 부부는 인간을 낳고 기르며, 동물의 부부는 동물을 낳고 기르며, 식물의 부부는 식물을 낳고 기르고, 곤충의 부부는 곤충을 낳고 기릅니다. 부부는 인간만을 말하는 것이 아니고 자연의 생성, 존재의 근원 그 자체를 말합니다. 그렇지만 완성된 인간[성인(聖人)]이라고 해서 자연 세계를 모두 알 수 있는 것은 아니며, 자연 세계를 모두 관장할 수 있는 것이 아닙니다.

인간의 삶은 자연 세계를 떠나지 않지만 자연으로만 살지는 않습니다. 자연 세계가 넓이와 깊이에 있어서 큰 것은 사실이지만, 인간의 삶에서 보면 서운한 면이 없는 것이 아닙니다. 대지가 넓은 것은 사실이지만 내가 경작할 땅이 없다는 것이 서운한 것이고, 내가 경작한다 해도 비가 내려 주지 않으면 서운한 것입니다. 자연은 자연일 뿐이기 때문입니다. 그래서 인간은 인문 세계로 들어오게 됩니다. 생명체로서의 삶이 아니라 인간의 생명으로 살고자 하는 사람인 군자가 말하는 '큰 것'은 자연의 '큼'과 다릅니다. 자연의 큼은 물리적 크기이고 생리적 작용입니다. 그리고 인문의 큼은 인간다움[성(性)]과 인간의 길[도(道)]입니다. 대지와 경작과 비는 자연의 큼이고 농민이 자신의 소출을 모자람 없이 가져가는 것은 인문의 큼에 해당합니다. 그 인문의 큼을 세상이 다 실현하지 못하고 있습니다. 예나 지금이나 말이죠.

『시경(詩經)』의 구절은 자연 세계의 있는 그대로의 모습을 묘사하고 있습니다. 그 모습이 위아래에 빈틈없이 꽉 차 있습니다. 빈틈없이 꽉 차 있는 것이 '비(費)'이고, 꽉 차게 하는 것이 '은(隱)'입니다. 이와 같이 비유적으로 볼 때, 인간 세계의 인간다운 사람이 가야 할 길은 그 시작은 부부(자연, 존재)이지만 그 지극함에 미쳐서는 오히려 온 세상에 다 드러나는 것입니다.

■ 또 하나의 생각

부부(夫婦) – 자연적이면서 인문적이면서 우주적인

부부(夫婦)는 인간뿐 아니라 모든 존재의 자연적 뿌리를 말합니다. 그리고 인간에게서는 인륜(人倫)의 시작이기도 합니다. 인간과 인간 아닌 것의 존재적 기초는 부부라는 공통의 기반을 갖고 있습니다. 그런 면에서 인간은 자연적 존재에서 벗어나지 않습니다.

그러나 존재적 기초인 부부에 인문적 가치를 둠으로써 인간은 인문적 존재가 됩니다. 부부에서 인문적 가치를 빼면 동물 혹은 그냥 존재가 될 뿐입니다. 부부에 인문적 가치를 가능하게 하는 것은 바로 '거리-낌'입니다. 부(夫)와 부(婦) 사이의 '거리-낌'이 인문으로서의 부부입니다. 부부가 '거리-낌'의 관계가 됨으로서 그로부터 모든 인간 사이는 '거리-낌'이 있게 됩니다. '거리-낌'이 없으면 인간이 아닙니다. 아비와 아들만 있으면 자연적 관계이지만 '아비와 아들 사이[부자지간(父子之間) - 여기서의 간(間)이 바로 사이 - 낌입니다.]'가 되면 인문적 관계가 됩니다. 인문적 존재가 되기 위해서는 다른 존재와의 '사이[간(間), 거리 - 낌]'를 가져야 합니다. 그런 의미에서 모든 인문적 관계의 출발은 부부라고 할 수 있습니다.

부부로부터 가족 · 친인척이라는 혈족이 구성됩니다. 그러나 정작 부부는 혈연적 거리가 없습니다. 부부가 존재를 만들어 내는 것은 아무리 아둔하여도 알 수 있고, 아무리 어리석어도 할 수 있는 것입니다. 그러나 아무 연결될 거리가 없는 나[부(夫)]와 너[부(婦)]가 왜 거리를 갖게 되었느냐는 성인(聖人)도 알 수 없는 부분이 있고, 할 수 없는 부분이 있는 것입니다.

부부의 아둔함과 어리석음의 수준으로 알 수 있고 할 수 있는 보편적이고도 일상적 측면이 있는가 하면, 성인의 앎으로도 알 수 없는 특수하고 구체적인 측면도 있습니다. 부부는 보편적이고 일상적인 원리이고 현상이지만, '개별 부-부'에서 보면 왜 부-부가 되었는지 설명하기 어려워집니다. 아니 영원히 설명될 수 없을 수도 있고, 설명되지 말아야 하는 면도 있습니다. 설명되어 버리면 개별 부-부는 없고, 부부 일반이 되어 버리기 때문입니다. 그래서 부부는 보편적이고 일상적이지만 개별 부-부는 특수하고 구체적인 것이 됩니다. 그 특수와 구체가 혈연을 구성합니다. 개별 부-부의 특수와 구체라는 사이가 없으면 혈연이 구성되는 것이 아니라, 존재의 '사이 없음'이 되어 버립니다. 그냥 류(類)일 뿐이죠.

개별 부-부는 남자-여자의 관계에서 지아비-지어미의 사이로 바뀌는 겁니다. 남자에서 지아비가 되고, 여자에서 지어미가 됨으로서 생물적 존재에서 인문적 존재가 됩니다. 생물적 존재는 자연 환경 및 물리적 시간에 의한 생물적 생장수장(生長收藏) 속에 있을 뿐입니다. 그런데 인문적 존재는 만듦과 익힘의 순환 속에 있습니다. 남자와 여자는 남자와 여자로써 생장수장되지만, 지아비-지어미는 서로를 만들고 익혀 줌으로써 인문적 존재가 됩니다.

부부는 존재의 근원이고 인문적 관계의 출발이며 혈연을 구성하는 시작이 됩니다. 부부는 자연으로서의 인간을 낳고, 자녀-형제-부부로서의 사람을 만들며, 백부-고모-이모-삼촌-조카의 공동체를 구성합니다. 개별 부-부에서 시작되었지만 그 지극함에 이르러서는 혈연과 가족과 천지자연의 존재에까지 미치는 것입니다. 개별 부-부는 각자의 천하[세상]를 만드는 것입니다. 이 세상의 모든 개별 부-부여, 위대하도다!

13장

말은 모자란 듯하게

공자께서 말씀하셨다. "사람이 가야 하는 길[도(道)]은 사람에게서 멀리 있는 것이 아니다. 사람이 가야 하는 길을 간다고 하면서 사람에게 멀리 있다고 여기면 사람의 길을 가는 것이 아니다. 시경(詩經)에서는 '도끼 자루를 베네, 도끼 자루를 베네. 그 기준이 멀리 있지 않구나!'라고 하였다. 도끼 자루를 잡고서 (새로운) 도끼 자루를 베면서 (자기 손에 들려 있는 도끼 자루를) 흘겨보고서도 오히려 (기준이) 멀리 있다고 여긴다. 그러므로 군자는 사람을 기준으로 사람을 다스리는데 바로잡으면 다스리기를 그친다.

子曰, "道不遠人, 人之爲道而遠人, 不可以爲道. 詩云, '伐柯伐柯,
자왈, "도불원인, 인지위도이원인, 불가이위도. 시운, '벌가벌가,

其則不遠.' 執柯以伐柯, 睨而視之, 猶以爲遠. 故君子以人治人, 改
기칙불원.' 집가이벌가, 예이시지, 유이위원. 고군자이인치인, 개

而止.
이지.

충(忠)과 서(恕)는 사람이 가야 할 길에서 멀리 있지 않다. 스스로에게 베풀 때 원하는 것이 아니면 다른 사람에게 베풀지 않는 것이다. 사람이 가야 할 길은 네 가지가 있는데 공자, 나 자신은 한 가지도 잘하지 못하는구나! 자녀에게 바라는 바로써 어버이를 섬겨야 하는데 그렇게 하지 못한다. 아랫사람에게 바라는 바로써 윗사람을 섬겨야 하는데 그렇게 하지 못한다. 아우에게 바라는 바로써 형을 섬겨야 하는데 그렇게 하지 못한다. 벗에게 바라는 바를 먼저 베풀어야 하는데 그렇게 하지 못한다.

忠恕違道不遠, 施諸己而不願, 亦勿施於人. 君子之道四, 丘未能一
충서위도불원, 시저기이불원, 역물시어인. 군자지도사, 구미능일

焉. 所求乎子, 以事父未能也, 所求乎臣, 以事君未能, 所求乎弟, 以
언. 소구호자, 이사부미능야, 소구호신, 이사군미능, 소구호제, 이

事兄未能也, 所求乎朋友, 先施之未能也.
사형미능야, 소구호붕우, 선시지미능야.

일상의 덕은 행하고, 일상의 말은 삼가야 한다. 일상의 덕을 행함에는 부족한 바가 있으면 감히 힘쓰지 아니할 수 없는 것이며, 일상에서의 말을 함에는 남는 바가 있어도 감히 다하지 않는다. 말은 행동을 마음에 두어서 말해야 하고, 행동은 말한 것을 마음에 두어서 행동해야 한다. 그러니 군자가 어찌 착실하지 않겠는가."

庸德之行, 庸言之謹, 有所不足, 不敢不勉, 有餘不敢盡. 言顧行, 行
용덕지행, 용언지근, 유소부족, 불감불면, 유여불감진. 언고행, 행

顧言, 君子胡不慥慥爾."
고언, 군자호불조조이."

■ 글자 풀이

도불원인(道不遠人)

도(道)는 사람이 가야 하는 길을 말합니다. 원인(遠人)은 사람을 멀리 한다고 해석할 수도 있고, 사람에게서 멀리 있다고 볼 수도 있습니다. 어떻게 보아도 사람이 가야 할 길은 사람 그 자체에 있습니다.

예(睨)

비스듬히 보는 것, 흘겨보는 것을 말합니다. 한번 흘낏 본다는 뜻인데, 멀리 있는 것은 흘겨볼 수 없습니다. 가깝게 있기 때문에 흘겨볼 수 있는 것입니다. 가까이 있는데도 그것이 표준이 됨을 모르는 것을 뜻합니다.

충서(忠恕)

공자의 제자인 증자(曾子)는 공자 사상의 핵심을 충서(忠恕)라고 보고 있습니다. 주희(朱熹)는 자기의 마음을 다하는 것을 충(忠), 자신을 미루어 남에게 미치는 것이 서(恕)라고 해석합니다. 글자에 마음[심(心)]이 들어 있는 것과 같이 충서(忠恕)는 '마음'을 뜻합니다. 충(忠)은 주체적 · 독자적 마음이고, 서(恕) 보편적 · 일반적 마음입니다. 인간(의 마음)에 있어서 주체적 마음이 없으면 인간으로서의 보편성이 확보될 수 없으며, 보편성이 확보되지 않으면 인간으로서의 주체성도 있을 수 없습니다.

용덕(庸德), 용언(庸言)

용덕(庸德)과 용언(庸言)의 '용(庸)'은 일상적, 평상적이라는 뜻입니다. 용덕은 일상의 덕, 용언은 일상의 말인 것이죠. 일상적인 것은 가까이 있고, 언제나 있는 것을 말합니다. 덕이나 말은 가까이에서 늘 이루어지는 것입니다. 먼 곳에서 간혹 행해지는 덕이나 말은 떳떳함을 갖지 못합니다.

■ 풀어 보기

기본적으로 『중용』에서 말하는 도(道)는 특별한 맥락이 아니면 사람이 가야 할 길을 뜻합니다. 이 장에서 말하는 도(道) 또한 사람이 가야 할 길입니다. 그렇기에 길은 사람에게 있습니다. "길은 사람에게 멀리 있지 않다."고 할 때의 '길'과 '사람'은 보편적인 길이고 보편적 사람을 말합니다. 길과 사람의 보편성은 두 가지 면에서 의미를 갖습니다. 첫째는 길을 가려고 하면 다른 길이 없고, 오직 사람의 길만 있다는 것입니다. 사람의 삶을 벗어나 높고 먼 곳을 가려고 하거나, 오로지 생물학적 욕구 충족의 길을 가는 것은 인간의 길이 아닙니다. 둘째는 그 길은 '다른 사람'이 아니라 바로 '자기 자신'에게 있다는 것입니다. 그것의 논증적 비유가 "도끼 자루를 만드는 표준은 도끼 자루를 만들고 있는 도끼 자루에 있다."는 것입니다.

어느 길로 가야 하는지 모르는 사람, 길을 잘못 가고 있는 사람, 잘못된 길을 잘못된 길인지 모르는 사람들이 사람의 길을 알고 사람의 길을 가게 하는 것은 사람의 길을 가고 있는 사람이 아니면 할 수 없습니다. 그 잘못되고 있음을 바로잡음이 다름 아닌 '다스림[치(治)]'입니다. 그리되면 다스림은 사람의 보편성과 사람이 가야 하는 길의 보편성이 확보되어야 가능한 것이 됩니다. 우리가 생각하는 다스림처럼 사람의 우열이나 차등성이 전제된 행위가 아닌 것이죠. 그리고 사람의 길로 접어들어 사람의 길을 가게 되면 다스림이 그쳐져야 합니다. 사람의 길을 가고 있기에 다스릴 것도 없는 것이죠. 그렇다면 사람은 두 종류의 사람만 있습니다. 사람의 길을 가고 있는 사람과 그렇지 않은 사람. 그러나 두 종류의 사람이 가야 할 길이 다른 것은 아닙니다. 그렇기에 다스림이 가능한 것이고, 다스려지면 그쳐야 하는 것입니다. 가야 하는 길이 같다는 보편성은 일상적 감정의 발현일 뿐입니다. 『중용』은 위대한 것을 말하면서도 그것이 일상 속에 있다는 것을 강조하고 있으며, 그 일상이라는 것은 결국 감정의 문제인 것입니다.

여기 13장에서 처음으로 감정의 주고받음에 대해 구체적으로 설명하고 있습니다. 감정의 주고받음은 감정 및 그 감정이 가져오는 말과 행동까지를 포함합니다. 감정의 주고받음의 대 원칙은 자기를 돌이켜 보아 다른 사람을 대하는 것입니다. 아주 간단하면서도 가장 근본적인 감정의 주고받음에 대한 설명이죠. 그리고 감정을 주고받는 인간관계 또한 아주 명확하면서도 가장 근본적인 관계입니다. 자신의 자리이면서 상대방의 자리이기 때문에 보편적인 관계인 것입니다.

이 세상의 모든 아버지는 자녀이고, 모든 윗사람은 아랫사람이며, 모든 형은 아우이며, 모든 친구는 친구의 친구입니다. 내가 자녀에게 원하는 바대로 나의 부모를 대하며, 내가 아래 사람에게 원하는 바대로 위 사람을 대하고, 내가 친구에게 원하는 바대로 친구를 먼저 대하는 것이 사람이 가야 할 길입니다. 그렇게 감정을 주고받는 관계를 상상해 보세요. 무슨 갈등이 있으며 다툼이 있으며 괴로움이 있을까요. 극락과 천당은 저기가 아니라 바로 여기에, 나의 감정 나눔에 있습니다. 우리의 감정 나눔에 있습니다. 바로 '여기'가 일상성이고, '감정 나눔'이 비근성(卑近性)입니다. '늘 가까운 곳'에 사람이 가야 할 길이 있는 것입니다.

감정은 마음속에 있습니다. 그리고 감정은 에너지입니다. 그 에너지는 '말과 행동'을 통해 현실화됩니다. 말은 자연적 에너지의 인문화, 인간화입니다. 아니, 인간화로서 표현되어야 합니다. 인간화되지 않으면 성대를 타고 나오는 소리일 뿐이고, 덜 인간화된 채로 성대를 타고 나오면 비록 언어이기는 하지만 반(半) 문명일 테니 제대로 된 감정 나눔이 될 수 없습니다. 따라서 말은 인간화된 다음에, 감정을 적절하게 실은 다음에 말해져야 합니다. 그래서 말은 삼가야 할[근(謹)] 것에 해당합니다.

행동은 말의 실현입니다. 삼가며 나온 말이 행동이 되면 그것이 바로 덕(德)이 됩니다. 덕스러운 행동을 함에 부족한 면이 있으면 반드시 힘써야 합니다. 그런데 말은 다하지 못한 면이 있더라도 다하려고 하지 말아야 합니다. 행동은 모자라지 않을까 노력해야 하고 말은 다함이 없도록 걱정해야 합니다. 이것은 말한 것만큼 행동하는 언행일치(言行一致)도 아니며, 말한 것을 행동하지 않는 언행불일치(言行不一致)는 더욱 아닙니다. 행동을 생각하며 말을 하고, 말을 생각하며 행동을 하는 것은 말은 적은 듯, 행동은 모자라지 않은 듯 하는 것입니다. 그것이 말과 행동이 서로를 돌아보는 것입니다. 사랑한다고 말한 만큼 사랑하는 것보다, 사랑한다고 말하고 사랑하지 않는 것보다, 모자란 듯 말하고 모자람 없이 사랑하는 것이 더 좋은 것입니다.

■ 또 하나의 생각

그침의 철학 – 사람을 본 대어 사람을 다스리고, 고쳐지면 그친다.

이인치인 개이지(以人治人, 改而止) - 사람으로서 사람을 다스리고, 고쳐지면 그친다.

짧은 구절이지만 인간 심성의 보편성, 다스림의 참 뜻, 적절함 등의 뜻을 동시에 담고 있습니다. 존재에서 정치, 나아가 교육과 삶에 대한 자세를 이 한 구절에서 모두 읽을 수도 있습니다.

사람을 다스리는 기준은 사람 자체입니다. 법이나 제도나 행정이 아닙니다. 사람을 다스린다는 것은 사람의 길을 모르거나 사람의 길을 가고 있지 않음에 대한 가르침입니다. 아니 깨우침이라고 하는 것이 좋겠습니다. 법으로는 깨우칠 수 없습니다. 법은 사람 자체를 문제 삼지 않습니다. 사람의 행위나 사람의 구성체에 대한 관심일 뿐입니다. 법은 가르칠 수 없습니다. 가르치거나 가르침을 받는 것은 '사람'에게 있습니다. 깨우침은 사람의 문제이지 법이나 구성체의 문제가 아닙니다. 다스리기 위해서는 사람이어야 하고, 가르침을 받는 것도 사람이어야 합니다.

다스림은 지배와 지시의 행위가 아닙니다. 자신을 보여 주는 행위입니다. 아니, 자신을 되돌아보는 행위입니다. 내가 사람의 길을 가고 있지 않으면서 다른 이를 사람의 길로 이끌 수 없습니다. 가르침은 스스로가 사람의 길을 가고 있는지 돌아보는 것이고, 사람의 길을 가고 있음을 보여 주는 것일 뿐입니다. 사람의 길은 기쁨 · 성냄 · 슬픔 · 즐거움 등의 감정으로 구성되는 것이니 나의 적절한 감정의 드러남이 곧 가르침입니다.

말썽 피우는 자녀들을 가르치는 것은 꾸중이나 사탕이 아닙니다. 부모 자신이 사람의 길을 가고 있는지 돌아보는 것, 즉 적절한 감정 표현이 되었는지를 돌아보는 것이며, 넘치거나 모자라거나 상황에 맞지 않게 드러나는 자신의 감정을 바로잡는 것입니다. 부모가 자녀를 가르치기 위해서는 부모 자신이 변하지 않으면 안 되는 것입니다. 마찬가지로 사람이 사람을 가르치는 것은 가르치는 사람이 변하지 않으면 안 됩니다. 그래서 다스린다 혹은 가르친다는 것은 다스리는 사람의 변화에서 출발하는 것입니다.

다스림을 받는 것은 지배나 지시에의 순종이나 복종이 아닙니다. 가르침을 받는 것은 가르침을 주는 사람을 통해서 자신을 돌아보는 것입니다. 가르치는 사람과 가르침을 받는 사람은 같은 사람이기 때문입니다. 가르침은 받는 것은 획득이 아니라 발견이고, 얻음이 아니라 회복입니다. 자신에게 있음을 발견하는 것이고, 그 발견된 것을 다시 살리는 것입니다. 즉 가르침을 받는 것 또한 주체의 변화입니다. 그리고 고쳐졌다는 것은 사람의 길을 알았다는 것이고, 다른 길로 가다가 다시 사람의 길로 왔다는 것을 말합니다. 그래서 고쳐짐은 타율이 아니라 자율입니다. 고쳐짐은 사람을 보고 자신의 사람됨을 찾은 것입니다.

사람됨을 찾았으면 가르침을 주고받는 것은 그쳐야 합니다. 그침은 요샛말로 표현하면 '타이밍'이라고 할 수 있겠죠. 타이밍을 『중용』식으로 표현하면 '시중(時中)'이 됩니다. 사람됨을 찾기도 전에 그치면 가르침이 이루어지지 않은 것이고, 사람됨을 찾았는데도 가르침을 그치지 않으면 타율과 강제입니다. 그래서 가르침의 완성은 '그침'에서 그쳐야 합니다. 모든 가르침은 그쳐져야 합니다. '그침의 철학'이 필요한 이유입니다. 그침의 철학에 대해 조선 시대 철학자 서경덕은 다음과 같이 이야기 합니다.

> 온갖 만물과 뭇 일들은 각각 그 그침[지(止)]이 없을 수 없다. 하늘은 위에 있고, 땅은 아래에 그쳐 있음을 우리 인간들은 안다. 산은 솟아 있고 물은 흐른다. 새는 날고 짐승은 기어 다닌다. (만물과 뭇 현상들이) 각각 바르게 있어 어지럽지 않음을 우리는 안다. (그와 마찬가지로) 우리 인간에게 있어서는 더욱 그침이 없을 수 없다. 그리고 그침은 한 가지 경우에만 해당되는 것이 아니다. 마땅히 각각 그 처한 바에 따라 그치는 것이다. 예를 들어 부자

(父子)는 은혜에 그쳐야 하고, 군신(君臣)은 옳음에 그쳐야 한다. 이 모든 것은 각각의 성(性)인 바이고, 만물의 법칙이다.

자연현상 속에서의 천지 만물은 각각 시공간상의 물리적 위치를 갖기 마련이고, 각각의 물리적 위치를 벗어남이 없습니다. 그런데 인간은 물리적 위치뿐만 아니라 사회적 위치도 아울러 함께 지니고 있습니다. 물리적 위치가 만물에게는 '법칙[칙(則)]'으로 표현되고, 인간에게 있어서의 사회적 당위는 '성(性)'으로 말해집니다. 그리고 물리적 위치는 시공 속에서 존재하지만, 사회적 위치는 상황 속에 존재합니다. 그렇기에 위치는 고정되어 있는 하나가 아니라 다양하게 펼쳐집니다.

그 다양한 상황 속에서의 위치 찾음이 바로 '그침[지(止)]'입니다. 그리고 그 '그침'이 바로 시중(時中)입니다. 시중이 인간의 실천적 행위에 있어서는 '그침'으로 표현되는 것이죠. 따라서 '그침'은 결코 행위에 있어 소극적이고, 처세에 있어 은둔적인 내용을 갖고 있는 것이 아닙니다.

상황에 충실함을 강조하는 측면에서 서경덕의 '그침의 철학'은 도가적 입장이 아니라 현실성을 강조하는 유가적 사유의 연장이라고 하겠습니다. 그래서 서경덕은 『주역(周易)』의 "그쳐야 할 때 그치고 행(行)할 때 행한다."는 말을 "행할 때 행하는 것이 행에 그치는 것이고, 그쳐야 할 때 그치는 것은 그침에 그치는 것."이라고 적극적으로 해석합니다. 여기서 적극적이라는 의미는 다름 아닌 시중(時中)이고, 나의 성(性)으로부터 시중(時中)이라는 인간의 구체적인 사회적 · 명분적 상황 속에의 '그침'이라는 행위 원칙으로 드러나는 것입니다.

모든 가치는 '그침'의 실천을 통해서 실현됩니다. 구체적 현실 속의 인간들이, 상황에 맞게 행위하여야 하는 '그침'은 그 상황에 따라 내용을 달리합니다. 말하자면 자녀의 자리에서는 효(孝)에 그쳐야 하고, 아랫사람의 자리에서는 공경에 그쳐야 하고, 어버이의 자리에서는 자애(慈愛)에 그쳐야 하는 것이 인간의 가치를 실현하는 것이 된다는 겁니다. 그리고 그 가치 실현으로서의 그침은 작위적인 것이 아니라 자신의 성(性)에서 나오는 것입니다.

인간은 사회적 자리에 그치고, 산천은 각각의 물리적 위치에 그쳐 있는 것이 바로 화평하고 자여(自如)한 세계의 모습입니다. 산천이 물리적 위치에 그쳐 있는 것이 자연이고, 인간이 각각의 사회적 자리에 그치는 것은 나의 성(性)을 회복할 때 가능해집니다. 나의 성(性)은 기쁨 · 성냄 · 슬픔 · 즐거움의 감정의 중심에 있으며, 그 감정의 드러남이 적절하게 드러남을 벗어나지 않습니다. 슬퍼야 할 것에 대해 슬픔을 슬픔으로 드러내는 것, 기뻐야 할 때 기쁨을 기쁨으로 드러내는 것 그것이 바로 '그침'인 것입니다.

14장

제자리 지키기

사람다운 사람이 되고자 하는 이는 그 자리에서 그 자리에 맞는 것을 행하지, 자리에 맞지 않는 것을 원하지 않는다. 부귀한 자리에 있다면 부귀에 맞는 행동을 하고, 빈천한 자리에 있다면 빈천에 맞는 행동을 한다. 이적(夷狄)의 자리에 있다면 이적에 맞는 행동을 하고, 근심과 어려움에 처해 있으면 근심과 어려움에 맞는 행동을 한다. 그러기에 군자는 어떤 자리에 처해서든 얻지 못함이 없다.

君子素其位而行, 不願乎其外. 素富貴, 行乎富貴, 素貧賤, 行乎貧賤,
군자소기위이행, 불원호기외. 소부귀, 행호부귀, 소빈천, 행호빈천,

素夷狄, 行乎夷狄, 素患難, 行乎患難, 君子無入而不自得焉.
소이적, 행호이적, 소환난, 행호환난, 군자무입이부자득언.

윗자리에 있게 되어도 아래를 깔보지 않고, 아랫자리에 있게 되어도 위를 끌어내리려 하지 않는다. 자신을 바르게 할 뿐 다른 사람에게서 찾으려 하지 않으면 나 자신에게나 남에게나 원망될 것이 없다. 그러

면 위로는 하늘을 원망하지 않을 것이고, 아래로는 사람을 탓하지 않게 될 것이다.

在上位不陵下, 在下位不援上, 正己而不求於人則無怨. 上不怨天,
재상위불능하, 재하위불원상, 정기이불구어인즉무원. 상불원천,

下不尤人.
하불우인.

그러므로 사람다운 사람이 되고자 하는 이는 어느 곳이든지 쉽게 있음으로써 하늘의 사명을 다하고, 소인은 위험한 것을 행함으로써 행복을 훔치려 한다. 공자께서 말씀하셨다. "활쏘기는 사람다운 사람이 되고자 하는 것과 비슷한 면이 있다. 과녁 한가운데를 맞추지 못하게 되면 돌이켜 과녁을 맞추지 못한 원인을 자신에게서 구하는 것이 그것이다."

故君子居易以俟命, 小人行險以泯幸. 子曰, "射有似乎君子, 失諸正
고군자거이이사명, 소인행험이요행. 자왈, "사유사호군자, 실저정

鵠, 反求諸其身."
곡, 반구저기신."

■ 글자 풀이

소(素)

지금 이곳이라는 뜻입니다. 여기서는 '○○한 자리'에 있다는 것을

묘사하는 말로 쓰였습니다.

이적(夷狄)

원뜻은 오랑캐입니다. 오랑캐라는 개념을 정치적 · 역사적으로 이해할 때는 특정 지역이나 민족으로 이해될 수 있습니다. 그러나 문화적으로 해석할 때는 문명에 대한 '야만' 혹은 '미개(未開)'의 개념으로 볼 수도 있습니다. 『중용』에서 이적(夷狄)을 정치 · 역사적으로 해석하는 것은 『중용』의 철학에 전혀 맞지 않습니다. 그렇다고 문화적으로만 해석하는 것도 옳지 못합니다. 철학적으로 이해할 때, 이적(夷狄)은 '이러저러한 역사와 문화적 특색을 가진 세계의 모든 곳'이라는 의미 이상이 아닙니다. 그렇게 이해할 때 "어떤 자리에 처해서든 얻지 못함이 없다."는 중용의 철학이 실현될 수 있는 것입니다.

능(陵), 원(援)

능멸하는 것과 잡아당기는 것을 말합니다. 여기서는 깔보는 것과 끌어내리는 것으로 새겨보았습니다. 위아래라는 상대적 위치를 실감나게 표현하기 위해서입니다. 위에서는 아래를 내리 깔보고, 아래에서는 위를 끌어내리는 것이기 때문입니다.

사(俟), 요(徼)

각각 기다리다, 훔치다의 뜻입니다. 기다림은 자기 자리에서 하는 것입니다. 반면에 '요(徼)[훔치다]'는 자기 자리를 벗어난 것을 훔치는 것입니다.

■ 풀어 보기

다른 장도 마찬가지이지만 이 장은 특히 논리성이 강합니다. '주장 → 사례를 든 해설 → 그에 따른 사람의 유형 분류 → 공자의 말을 인용한 주장의 재확인'으로 구성되어 있습니다. 주장과 주장의 재확인에 해당하는 것은 "군자는 그 자리에서 그 자리에 맞는 것을 행하지 자리에 맞지 않는 것을 원하지 않는다.", "활쏘기는 군자와 비슷한 면이 있다. 과녁 한가운데를 맞추지 못하게 되면 돌이켜 자신에게서 과녁을 맞추지 못한 원인을 구하는 것이 그것이다." 입니다. 여기서의 핵심은 두 가지입니다. 자리[위(位)]와 자신을 돌이킴 곧 신독(愼獨)입니다.

부귀 · 빈천 · 이적 · 환난은 자리[위(位)]의 예들입니다. 우리는 그런 자리를 벗어나 있지 않습니다. 자리 없는 존재는 없는 것이죠. 자리는 주어진다는 면에서 명(命)에 가깝다고 할 수 있습니다. 부잣집에 태어나는 것은 명(命)이고, 가난한 집에 태어나는 것도 명(命)입니다. 이 나라 혹은 저 나라에 태어나는 것도 명(命)이고, 고난과 어려움도 주어지는 것입니다. 그런 면에서 숙명 또는 운명이 없다고 할 수 없을 것 같습니다. 그런데 더욱 중요한 것은 자리에 의해 인간답고 인간답지 못한 것이 정해지지 않는다는 데 있습니다. 사람이 되고자 하는 길은 어느 자리에나 있습니다. 그래서 어느 자리가 주어지느냐가 아니라, 그 자리에서 인간의 길을 찾느냐가 문제인 것입니다. 그런 면에서 주어짐[환경 · 배경 등등]을 탓하고 원망하는 것이 얼마나 어리석은 일일까요.

위와 아래는 구체적 자리[위(位)/ 부귀 · 환난 · 빈천 등등]의 상대적 위치를 말합니다. 현실의 인간 개개인은 위에 있으면서 동시에 아래에 있습니다. "나는 가난하다."는 말은 문법상 틀리지는 않지만 현실적으로는 맞지 않습니다. "나는 ○○보다 가난하다."가 현실적으로 맞는 말이 됩니다. 역시 "너는 부유해."도 문법상 틀린 말이 아니지만 현실적으로 맞지 않습니다. "너는 ○○에 비해 부유해."가 맞는 것입니다. 인간 개개인의 현실적 모습은 가난하기도 하고 부자이기도 한 것입니다. 그렇기에 부귀 · 빈천 · 환난 · 이적을 포괄하는 모든 자리[위(位)]는 위이면서 동시에 아래인 것입니다.

위이면서 동시에 아래에 있는 것이 현실의 모습이기에 위라고 좋아할 것이 없고, 아래라고 슬퍼할 것도 없습니다. 그러니 자리를 탓하는 것이 얼마나 어리석고 의미 없는 일이겠어요. '탓'의 대상은 자리에 있지 않고 자신에게 있어야 하는 것입니다. 위의 자리에서는 아래를 깔보지 않고, 아래의 자리에서는 위를 끌어내리지 않아야 하는 것뿐입니다. '깔보고, 끌어내리는 것'은 자리의 문제가 아니라 나의 문제입니다. 그것을 공자는 활쏘기에 비유한 것이죠. 화살이 과녁에 맞지 않은 것은 과녁의 문제가 아니라 활을 쏘는 나의 문제입니다. 따라서 과녁에 맞지 않았다면 과녁을 탓할 것이 아니라 나의 자세(몸)를 돌아보아야 합니다. 사람이 가야 할 길에서 벗어났다면 길을 탓할 것이 아니라 자신의 발걸음을 되돌아보아야 하는 것입니다.

13장에서 "일상적 행동을 한다."는 것의 구체적 표현이 여기 14장의

'그 자리에서 그 자리에 맞는 행동을 하는 것'이고, 그 자리에서 그 자리에 맞는 행동을 하는 것의 상황적 예가 바로 부귀 · 빈천 · 이적 · 환난입니다. 그리고 부귀 · 빈천 · 이적 · 환난 등의 상황을 수렴하면 위아래[상하(上下)]가 됩니다.

위아래는 상대적 위치이기에 현실의 구체적 개인은 누구나 윗자리에 있으면서 동시에 아랫자리에 있기 마련입니다. 그래서 윗자리에서 해야 하는 행동과 아랫자리에서 해야 하는 행동을 동시에 하고 있습니다. A보다는 아래에 있고, B보다 위에 있는 것이 현실의 인간 C인 것이죠. A가 나에게 해 주기를 바라는 대로 B를 대해 주고, B가 나에게 해 주었으면 하는 바라는 대로 A를 대하는 C가 다름 아닌 군자입니다. 그것이 바로 13장에서 말한 "자기에게 베풀어 보아 원하는 않는 것을 다른 이에게 베풀지 않는 것." 입니다. 우리는 모두는 자리[위(位)]에 있어서는 C입니다. 그러나 A, B를 어떻게 대하느냐에 따라 군자와 소인이 달라집니다. 군자의 자리가 정해져 있고 소인의 자리가 정해져 있는 것이 아닙니다. 군자 · 소인은 오직 자신에게 달려 있습니다. 그 얼마나 기쁘면서도 또한 책임감을 가져야 하는 것이겠어요. 나는 내가 만들어 가는 것이라는 자율성을 확인하는 철학이 중용인 것이며, 동시에 끊임없이 자신을 되돌아보아야 하는 책임을 강조하는 철학이 중용이기도 한 것입니다.

■ 또 하나의 생각

운명을 기다림, 행복을 훔침 – 사명(俟命), 요행(徼幸)

명(命)이라는 말은 『중용』의 첫 구절에서부터 나옵니다. '천명지위성(天命之謂性)'이 그것이죠. 주체와 대상을 나누어 보면 하늘이 명(命)을 내리는 주체이고, 그것을 받는 사람은 대상이 됩니다. 그렇게 구분하면 하늘에서 볼 때의 명(命)은 명령(命令)이고 사람에서 볼 때는 운명(運命)으로 읽힙니다. 명령과 그것을 받아들일 수밖에 없는 운명의 구도로 명(命)을 이해하면, '길을 만들어 감[수도(修道)]'이라는 인간의 능동적 자유가 소홀해질 수 있습니다.

인간은 자신의 길을 만들어 갈 수 있는 자유와 능력이 있으며, 만들어야만 하는 당위도 있습니다. 그것이 주어진 것을 받아들이기만 하는 자연의 존재와 다른 면입니다. 인간은 운명적 존재이기도 하고 그것을 능동적으로 받아들이고 해석하고 만들어 가는 사명(使命)적 존재이기도 한 것입니다. '하늘-자연 존재'의 관계는 '명령 → 운명'이고, '하늘-인간'의 관계는 '명령 → 운명 ← 사명(使命)'인 것입니다. 인간 외에 운명을 사명(使命)으로 바꾸는 존재는 없습니다.

인간에게는 운명과 사명의 양 측면이 다 있습니다. 내가 대한민국에서 태어났고, 지금의 부모를 갖게 되었고, 이렇게 저렇게 생겼고, 너를 만나게 되었고…… 등등은 운명이라고 할 수 있습니다. 그런 면에서 운명은 인간 개인의 특성을 결정하는 중요한 요소입니다. 운명을 통해 내가 남과 다른 고유성을 찾을 수도 있고, 남과의 유적(類的) 공통성을 찾을 수도 있습니다. 그런 면에서 운명이 있을까, 없을까라고 반문하는 것은 취미 차원의 의문일 뿐입니다.

운명은 있습니다. 운명 없이 있는 존재 혹은 인간은 없습니다. 자신의 얼굴을 보십시오. 그것이 운명입니다. 네가 가진 성씨(姓氏)가 운명이고, 네가 살고 있는 집과 나라가 운명이고, 네가 인간인 것이 운명입니다. 그 주어진 것을 거부할 수는 없습니다. 물론, 성형을 할 수 있고 성씨를 바꿀 수 있고 집과 나라를 버릴 수도 있습니다. 그러나 네가 그것을 버리느냐와 관계없이 그렇기에 주어진 것은 어쩔 수 없는 것입니다. 그래서 우리는 거의 모든 것을 운명 '탓'으로 돌리려고 하기도 합니다. 얼굴 탓, 집안 탓, 나라 탓에서 헤어나지 못합니다.

내가 이렇게 생긴 얼굴을 가졌다는 것과 이것밖에 안 되는 것은 다른 지평의 문제입니다. 집안이 이렇다는 것과 내가 이것밖에 안 되어 있다는 것도 다른 차원의 문제입니다. 여기서 말하는 것은 '사람으로서 가야 할 길[인도(人道)]'에 있어서 입니다. 길은 얼굴과 가정과 나라에 있는 것이 아니라 사람에게 있습니다. 길이 얼굴에, 가정에, 나라에 있다면 그야말로 모든 것이 환경 탓이 되어야 합니다. 그러나 얼굴이 어떻든 가정이 어떻든 나라가 어떻든 그와 무관한 혹은 그에 맞는 사람의 길이 있는 것입니다. 그 길을 가겠다는 것이 바로 사명(使命)입니다. 운명만을 보는 자는 '탓'하기만 할 것이고, 사명(使命)으로 바꾸는 자는 길을 찾을 것입니다. 그래서 역설적이게, 운명만을 보는 자는 '탓'하기에 운명을 거스르게 되는 것이고, 사명(使命)을 다하는 자는 어떤 운명이든지 그것을 받아들이게 되는 것입니다. 운명론자는 운명을 부인하는 꼴이 되고, 비운명론자는 운명을 승인하는 역설이 성립되는 셈이죠.

운명을 부인하는 것을 요행(徼幸)이라고 합니다. 남의 얼굴을 보고 내 얼굴이 저랬으면 하고 바라는 것이 요행이며, 남의 집안을 보고 내가 그 집안의 일원이었으면 하는 것이 요행이고, 남의 나라를 보고 내가 그 나라의 국민이었으면 하는 것이 요행입니다. 성형을 하거나 입양되거나 국적을 바꿀 수는 있지만 그렇다고 해서 사람으로서 가야 할 길이 바뀌는 것이 아닙니다.

그런데 우리 사회는 지나치게 '탓'이 허용되고 때로는 권장되기까지 하는 사회입니다. '탓'은 문제의 원인을 자신이 아닌 것으로 돌리는 것에 지나지 않습니다. 사회 구조가 복잡해질수록 어떤 문제의 원인 또한 복잡하고 구조적이 된다는 것을 부인하는 것이 아니라, 그것에서 문제를 찾고 위로하고 비평하려고만 한다는 것을 지적하고자 하는 것입니다. 우리가 우리 사회의 질적 수준을 스스로 낮추고 있기 때문입니다.

예를 들어 어떤 파렴치 범죄가 일어났을 때, 우리는 그 범죄자의 가족력 · 성장 환경 · 사회적 통념 등에 초점을 맞추어 그를 위로 · 비평 · 비난합니다. 그렇다면 그것은 그의 잘못이 아닙니다. 그에게 면죄부를 주는 동시에 그것을 비평하는 자신도 면죄부를 받을 수 있다는 보험을 드는 셈입니다. 가족력 · 성장 환경 · 사회적 통념은 그에게 있어서는 운명입니다. 그는 범죄를 저지를 운명이었다는 것인가요? 그렇다면 그와 유사한 가족력 · 성장 환경 · 사회적 통념에 있는 사람들은 모두 예비 범죄자란 말인가요? 이런 지평으로만 우리 사회를 보고 있는 것이 우리의 수준입니다. 그런 면에서 '인간-자신'의 지평으로 보기도 해야 합니다. 길 찾음[수도(修道)]이라는 면에서 평가되기도 해야 하고, 그런 사회적 상식이 필요한 것입니다.

15장

부모를 잘 따를지어다!

사람다운 사람이 가야 하는 길을 비유하면, 멀리 갈 때는 반드시 가까운 곳에서부터 시작하는 것과 같고, 높은 곳에 오르려면 반드시 낮은 곳에서부터 시작하는 것과 같다.

君子之道, 辟如行遠必自邇, 辟如登高必自卑.
군자지도, 비여행원필자이, 비여등고필자비.

시경(詩經)에서 말하기를, "아내와 자녀들이 서로 좋아하여 하나 되는 것이 마치 거문고를 타는 것과 같고, 형제들 또한 서로 뜻이 맞으니 즐겁고 또한 그것을 즐기는 구나. 너의 가정을 마땅히 이와 같이 하고 너의 아내와 자손들이 즐겁게 하라." 했는데 (이것에 대해) 공자께서 말씀하셨다. "부모를 잘 따를지어다!"

詩曰, "妻子好合, 如鼓瑟琴, 兄弟旣翕, 和樂且耽, 宜爾室家, 樂爾妻
시왈, "처자호합, 여고슬금, 형제기흡, 화락차탐, 의이실가, 락이처

帑." 子曰, "父母其順矣乎."
노." 자왈, "부모기순의호."

■ 글자 풀이

호합(好合)

좋아하고 뜻이 서로 합치되는 것을 의미합니다. 가족 구성원들이 서로를 아끼고, 서로를 아끼는 것이 전해져서 뜻도 합하게 되는 것을 묘사하는 것이죠. 글자 뜻으로 새기기보다는 그런 가정을 상상해 보는 것이 좋을 듯합니다.

흡(翕)

합(合)과 뜻이 같습니다.

탐(耽)

호(好)와 뜻이 같습니다.

처자(妻子), 처노(妻帑)

둘 다 처자와 자녀라는 뜻입니다. 여기서는 처자는 1대를, 처노는 2대 이상의 자녀들까지 시간적으로 지속되는 것으로 새겨보았습니다.

부모기순의호(父母其順矣乎)

일반적으로는 부모를 주어로 보아, 화목한 가정을 이루고 있는 자녀에 대한 부모의 기쁜 심정을 나타내는 것으로 새깁니다. 그런데 부모는 또 하나의 자녀이니까 자녀를 숨겨진 주어로 보아, 가정의 화목을 바라는 부모의 뜻을 잘 따르라는 것으로 새겨보았습니다.

■ 풀어 보기

이 장은 자사가 먼저 자신의 주장을 펼치고, 『시경(詩經)』의 시구를 근거로 자신의 주장을 정당화하고 있습니다. 그리고 그 시(詩)에 대한 공자의 간명한 평을 넣음으로써 자신의 주장을 극화하는 효과를 가져오는 구조입니다.

자사가 말하고자 하는 것은 12장에서부터 이어지고 있는 주제인 군자의 길[도(道)]입니다. 여기서는 멈[원(遠)]/ 가까움[이(邇)], 높음[고(高)]/ 낮음[비(卑)]을 대비하되 가까움과 낮음에 눈높이를 두고 있습니다. 그리고 그 가깝고 낮음의 시공간을 가정으로 제시하고 있습니다.

우리는 멀리 가려 하고 높이 오르려고 합니다. 그것 자체가 잘못된 것은 아닐 것입니다. 그런데 발 디딤이 있어야 오를 수 있고, 발 디딤이 있어야 발이 앞으로 옮겨질 수 있습니다. 그 발 디딤을 떠난 멈 · 높음이 없습니다. '먼 곳은 가까운 곳으로부터, 높은 것은 낮은 것으로부터'의 핵심어는 '멈/가까움, 높음/낮음'이 아니라 '부터[자(自)]'이고 그것은 낮음 · 가까움의 중요성과 찬양으로 이어집니다.

낮음·가까움의 찬양이 멈·높음을 부정하거나 버리는 것이 아닙니다. 멈과 높음이 이루어지는 뿌리와 조건을 말하는 것일 뿐입니다. 낮음·가까움이 멈과 높음의 뿌리라고 해서 그것에 머물면 그것만큼만 멀고 높음이 됩니다. 그렇다고 해서 낮음·가까움의 뿌리를 떠난 멈과 높음의 열매는 없습니다. 그러면 군자(사람)에게 있어서 '낮음·가까움'은 무엇일까요. 바로 가정이고, 가정은 부부(夫婦)로부터 시작된다는 것입니다. 그래서 군자의 길에 대해 운을 뗄 때는 12장에서는 부부(夫婦)로부터 시작해서 천지(天地), 천하(天下)를 설명하고 있는 것입니다. 12장의 논리를 이곳 15장에 적용하면 가까움·낮음은 부부[가정]이고, 멈·높음은 천지[천하]가 됩니다. 천하를 바로잡는 평천하(平天下)의 높고도 먼 이상은 가정에서부터 시작된다는 아주 평범한 그러나 절대적인 진리를 말하고 있는 것이죠.

부부의 아둔함과 어리석음으로도 알 수 있고, 할 수 있는 것이 바로 화목한 가정입니다. 그러기에 이 세상의 모든 가정은 부-부의 능력과 지위와 재산과 지식과 인종 등등과 무관하게 화목할 수 있는 것입니다. 모든 가정은 화목할 수 있다는 언명은 매우 중요합니다. 앞 장에서 말한 것과 같이 '탓'이 필요 없는 것입니다. 가정이 화목하지 못한 것은 가족력과 가정환경과 사회와 국가에 달려 있지 않습니다. 유전과 가족력과 가정환경과 사회와 국가에 달려 있다면 그런 가정만 화목하고 그렇지 않은 가정은 화목하지 못해야 합니다. 어린아이도 웃고 말 결론이 나오는 것이죠. 그런데도 우리는 그런 구덩이에 빠져 있기도 합니다.

부-부가 가정을 이루면 부부로부터 '부모-자녀, 형-아우, 부모-자녀(부모)-자녀'의 순환에 의해 시공간적으로 확대됩니다. 그래서 한 가정에는 그 가정의 시간적 온축과 공간적 긴밀함이 함께 있게 됩니다. 여기서는 처자(妻子), 형제(兄弟), 처노(妻帑)의 관계로 표현되고 있습니다. 처자(妻子)와 처노는 시간적 연속이고, 형제는 공간적 확대입니다. 부부(夫婦)는 12장에 나왔으니 여기서는 숨어 있습니다. 함께 얘기하면 '부부 → 처자, 형제 → 처노'가 됩니다. 그런데 처자는 다시 부-부가 되어 연속성을 갖게 됩니다. 개별 부-부는 '부모의 자녀에서, 부부로, 그리고 자녀의 부모'의 순서를 밟습니다. 우리는 자녀이면서 부부이고, 부부이면서 부모인 것이죠. 그렇기 때문에 "자녀에게 바라는 바로써 어버이를 섬겨야 하는데 그렇게 하지 못한다. 아우에게 바라는 바로써 형을 섬겨야 하는데 그렇게 하지 못한다."는 공자의 되돌아봄이 절실할 수 있는 것입니다.

■ 또 하나의 생각

가정, 좋은 가정

친구에게 가정과 함께 연상되는 낱말을 말하라고 해 보니 사랑 · 편안함 · 안식처 등을 얘기합니다. 좋은 가정을 만들려면 어떻게 해야 하는지를 물으니 이해 · 인정을 얘기했습니다. 그 친구가 모든 사람의 의견을 대표하는 것은 아니겠으나 특별하지도 엉뚱하지도 않은 일반적인 대답이라고 할 수 있습니다. 친구는 실재함직한 한 가정을 떠올리며 대답했을 것입니다. 그 대답이 지극히 평범하며 지극히 옳은 얘기입니다. 그것을 '공간적 유대감'이라고 표현하기로 하고, 거기에 한 가지를 더하고 싶습니다. 그것은 '시간적 연속성' 혹은 '뜻의 지속성'입니다.

가정은 '부모(자녀)-자녀(부모)-자손(부모)'의 이어짐을 통해 시간적 연속성 · 지속성을 갖습니다. 즉 모든 가정은 나로부터 시작되는 것이 아니라 나의 부모, 나의 조상으로부터 옵니다. 그리고 나의 죽음으로 가정이 끝나는 것이 아니라 나의 자녀, 나의 자손으로 이어지는 것이 시간적 연속성입니다. 그래서 우리는 가정을 떠올릴 때 시간적 연속성을 함께 생각해야 합니다. 나의 가정은 나의 부모의 다음이고 나의 자녀의 앞에 있습니다. 나의 가정은 부모가 볼 때는 자녀의 가정이고, 자녀가 볼 때는 부모의 가정이 됩니다. 이것을 이해하면 좋은 가정을 이루는 확실한 길이 보입니다.

좋은 가정의 관건은 바로 '효(孝)'에 있습니다. 모든 부모는 자녀가 좋은 가정을 이루기를 바랍니다. 그것을 증명하기는 어렵지 않습니다. 자신의 자녀가 어떤 가정을 이루기를 바라는지 생각해 보면 됩니다. 나의 자녀가 '이러저러한 가정을 이루었으면……' 하는 바람을 내가 갖는 것과 똑같이 나의 부모는 나에게 그런 가정을 꾸릴 것을 원합니다. 그렇다면 부모의 마음을 따르면 그런 가정을 이룰 수 있습니다. 즉 좋은 가정의 조건은 이해 · 인정과 같은 구성원의 유대를 위한 덕목과 함께 효가 먼저 전제되어야 합니다. 이해 · 인정은 횡적인 연대감을 이루는 것이고 효는 종적인 연속성을 확보하는 것입니다.

나의 자녀가 이런 가정을 이루었으면 하는 바람을 내가 갖는 것과 똑

같이 나의 부모는 나에게 그런 가정을 꾸릴 것을 원한다는 면에서 부모의 뜻이 나에게로, 나의 뜻의 자녀에게로 지속되는 것입니다. 그것이 '뜻의 지속성'입니다. 뜻이 지속되는 한 나는 소멸되는 것이 아닙니다. 육체로서의 생명이 없어지는 것은 당연한 것이고 피할 수 없는 것입니다. 그러나 뜻으로서의 생명은 가정을 통해 지속될 수 있습니다. 그 속에 나의 뜻이 살아 있는 것입니다.

단, 내가 자녀에게 바라고자 하는 바대로 부모를 섬겼을 때에만 그 뜻이 살아 있는 것입니다. 그렇지 않다면 뜻은 지속성을 갖지 못합니다. 왜냐하면 내가 자녀에게 바라고자 하는 바대로 부모를 섬기지 않았다면 그것은 부모의 뜻을 따르지 않은 것이 되기 때문에 뜻이 단절된 것입니다. 그러면, 나의 자녀가 나를 따라 부모를 섬기지 않게 되도 나의 뜻이 단절되는 것이며, 나의 뜻을 따르지 않아도 나의 뜻이 단절되는 딜레마를 벗어날 수 없게 되는 것입니다.

그래서 더욱 명백해집니다. 좋은 가정의 조건은 공간적 연대감과 함께 시간적 연속성 · 지속성을 갖추는 것이고, 그것은 효(孝) 이외의 다른 것이 아니라는 것입니다. 그래서 다음 16장에 귀신(鬼神)이 등장하고, 이어서 효(孝)와 제례(祭禮)에 관한 테마가 등장하는 것입니다.

16장

진실은 가려지지 않는다

공자께서 말씀하셨다. "귀신(鬼神)을 덕(德)으로 보면 온 세상을 다 담고 있구나! 그것은 눈으로 보려 해도 보이지 않고 귀로 들으려 해도 들리지 않지만, 천지 만물의 몸이 되어 빠뜨리는 것이 없다.

子曰, "鬼神之爲德, 其盛矣乎. 視之而弗見, 聽之而弗聞, 體物而不可遺.
자왈, "귀신지위덕, 기성의호. 시지이불견, 청지이불문, 체물이불가유.

세상 사람들로 하여금 알아서 몸을 가지런히 하고 깨끗하게 하여 제사를 받들어 모시게 한다. 천지에 귀신의 덕이 꽉 찬 것이 마치 위에 멀리 있는 듯도 하고 좌우에 가까이 있는 듯도 하다.

使天下之人, 齊明盛服, 以承祭祀. 洋洋乎, 如在其上, 如在其左右.
사천하지인, 재명성복, 이승제사, 양양호, 여재기상, 여재기좌우.

시경(詩經)에, '귀신이 오는도다. 그런데 헤아릴 수 없구나. 하물며 어찌 거부할 수 있겠는가.' 라고 했다. 은미한 것이 드러나니 성(誠)이 가려질 수 없음이 바로 이와 같구나!"

詩曰, '神之格思, 不可度思, 矧可射思', 夫微之顯, 誠之不可揜如此夫."
시왈, '신지격사, 불가탁사, 신가역사', 부미지현, 성지불가엄여차부."

■ 글자 풀이

귀신(鬼神)

주희는 귀신을 음양이기(陰陽二氣)로 보고 있습니다. 음양 작용의 신령한 면을 귀신으로 보는 것이죠. 그런데 음양은 형이상적 개념이기도 하고 동시에 현상적 개념이기도 합니다. 게다가 음동양정(陰動陽靜)과 음양무단(陰陽無斷)이라는 자연의 원리를 강조하면 인간의 주체성이 발휘될 여지가 크기 않게 됩니다. 오히려 귀신에 대한 능동적 반응이 아니라 소극적이고 운명적인 대응만이 가능하게 되는 것이죠. 즉 주자가 이해한 귀신은 산 자와 죽은 자를 구분해서 이해하였기에 생생하지 못한 귀신, 삶의 너머에만 있는 귀신이 되어 버릴 수 있는 것입니다. 나 또한 귀신이어야 귀신은 삶과 죽음을 넘나들게 됩니다. 그것은 나는 부모이면서 자녀인 것과 같습니다.

사(思)

시의 구절 끝에 온 사(思)는 뜻을 갖는 글자가 아니라 말의 느낌을 담고 있는 글자입니다.

탁(度)

도(度)로 읽으면 제도나 법도의 뜻이 됩니다. 탁으로 읽어야 헤아리다, 추측하다의 뜻이 됩니다.

신(矧)

하물며라는 뜻을 갖고 있습니다.

역(射)

사(射)로 읽으면 화살을 쏘는 것이 됩니다. 역(射)으로 읽어야 싫어하다, 혐오하다의 뜻이 됩니다.

■ 풀어 보기

이 16장의 핵심어는 귀신(鬼神)과 성(誠)입니다. 둘 다 추상적이고 무겁고 형이상적 개념들입니다. 15장까지 구체성을 가진 진술로 이어 오다가 여기서 갑가지 추상적인 개념이 등장하고 17장부터는 다시 구체성을 가진 진술이 됩니다. 그렇다면 귀신과 성(誠)은 15장까지의 구체적 현실들을 수렴하는 형이상적 기초이고, 그것에 따라 17장의 구체적 현실들이 다시 펼쳐지는 것으로 볼 수 있습니다. 즉 이쯤에서 구체적 현실들이 펼쳐지는 형이상적 근원을 짚고 넘어가자는 고도의 편집 전략

이 담겨 있다고 하겠습니다. 그 형이상적 근원이 바로 귀신(鬼神)과 성(誠)인 것이죠.

귀신(鬼神)에 대해서는 여러 가지 견해들이 있습니다. 아니, 오해라고 하는 편이 옳습니다. 그 오해는 대략 두 가지인데 우선 귀신(鬼神)을 마치 도깨비나 고스트(ghost) 혹은 갓(god, The God)으로 보는 것〈이하 고스트로 통칭하겠음〉입니다. 또 하나는 음양(陰陽)[굴신(屈伸)]의 물리적 현상으로 보는 것입니다. 공자는 귀신에 대해 딱 부러진 입장을 밝히지 않은 것으로 알려져 있습니다. 그런데 그것이야말로 귀신에 대한 공자의 정확한 입장 표명이고, 그것이 바로 여기에서 말하는 귀신의 참뜻입니다. 공자의 입장은 다음과 같이 짐작해 볼 수 있습니다.

"오로지 이성에 근거한 판단으로 볼 때는 고스트가 없다는 것은 명백하다. 그리고 음양의 작용성에 초점을 둔 물리적 입장에서 보는 귀신은 영혼을 갖고 있지 않기에 귀신이라고 할 수 없다. 그럼에도 우리는 귀신에 대해 경배하고 제사를 받들어야 한다."

이 모순을 이해하기는 어렵기도 하지만 쉽기도 합니다. 우선 경배해야 할 것은 고스트가 아닙니다. 왜냐하면 그것은 없는 것이니까요. 또한 음양의 물리성을 경배할 수는 없습니다. 왜냐하면 영혼성이 없는 것이니까요. 그렇다면 경배해야 할 것은 귀신으로 표현되는 어떤 '의미' 혹은 '뜻' 또는 '근원'이어야 합니다. 그것을 나의 가정에 적용시키면 경배해야 할 것은 죽은 부모의 고스트가 아니고, 풍화되어 가고 있는 시신도 아니라 바로 내가 이렇게 저렇게 살기를 바라는 부모의 뜻이 됩니다. 그래서 앞 15장의 마지막 구절의 부모기순의호(父母其順矣乎)를 "부모를 잘 따를지어다!" 로 해석한 것입니다.

부모는 살아 계셔도 부모이고 돌아가셔도 부모입니다. 살아 계신다는 것은 육신과 뜻이 함께 있다는 것이고, 돌아가셨다는 것은 육신은 없지만 뜻이 나에게 지속되고 있다는 것입니다. 그 뜻은 눈과 귀를 통해 아는 감각적 인식의 대상이 아닙니다. 귀신이 고스트이거나 음양이라면 감각 안에 들어와야 합니다. 그러나 뜻은 감각 안에 들어오지 않습니다. 그리고 뜻이 오로지 이성으로 포착되는 것이라면 많은 사람들은 부모의 뜻을 모르게 됩니다. 그러나 누구나 부모의 뜻을 아는 것으로 볼 때 그것은 이성의 대상이 아닙니다. 나의 자녀가 이렇게 되기를 바라는 마음으로 부모를 대하기만 하면 되는 것인데 그것을 위해 예리한 이성을 동원한다는 것은 너무도 어리석은 바보가 아닌 다음에야 그렇게 하지 않습니다. 귀신을 가정에 적용하면 '육신은 없지만 뜻으로 살아 있는 부모님' 으로 이해할 수 있습니다. 그렇다면 누가 귀신이 없다고 하겠으며, 또한 섬기지 않겠습니까. 그 계심이 위와 좌우에 다 펼쳐져 있는 듯합니다. 왜요? 뜻은 나를 떠나 있지 않으니 말입니다.

그런데 한 가정이 실재하는 것처럼 천지 만물도 실재하고 인간이 구성해 놓은 세상[천하(天下)]도 실재합니다. 가정이 부-부에서 부모-자녀로의 이행을 통해 이루어진다면, 부모는 가정의 몸[체(體)]이 됩니다. 물론 부모는 자녀이면서 부모이고, 자녀는 부모이면서 자녀입니다. 그러니 모두가 가정의 몸입니다. 육신은 실재하기도 하지만, 시간에 밀려 없어질 수밖에 없습니다. 육신이 없어졌다고 해서 부모가 없어지는 것은 아닙니다. 없어지는 것은 물리의 세계이고 없어지지 않는 것이 귀신의 세계, 형이상의 세계입니다. 그렇다면 나의 존재의 근원은 귀신으로 수렴할 수 있고 나아가 모든 존재의 근원 또한 귀신으로 모아질 수 있는 것입니다. 귀신은 나와 나의 가정에만 적용되는 특수한 것이 아니라 세상 만물의 형이상적 근원인 것입니다.

자녀에 대한 부모의 뜻이 그렇듯 귀신은 털 오라기 하나만큼의 거짓을 갖고 있지 않습니다. 그 '거짓 없음'을 추상화한 것이 바로 '성(誠)'입니다. '성(誠)-거짓 없음'이 바로 세상 만물의 존재 근거이고, 인간 세상의 모습이어야 한다는 것이죠. 세상 만물의 존재는 거짓 없음에 의해 존재하고 사그러져 갑니다. 존재했다가 사그러져 가는데 한 치의 거짓도 없습니다. 누군가 "나는 사그러지지 않는다."고 한다면 그것은 여지없이 거짓입니다. 그런 면에서 자연 만물의 세계와 그 모습은 '성(誠)-거짓 없음' 그 자체입니다.

그런데 인간 세상[천하(天下)]의 모습이 꼭 '거짓 없음'은 아닙니다. 자연 만물은 주어진 것이고, 천하는 인간이 구성한 것이기 때문입니다. 여기서 인간 세상인 천하 또한 '성(誠)-거짓 없음'을 따라야 한다는 당위적 요청이 있게 되는 것입니다. 그것이 천지(天地)와 천하(天下), 자연과 인간의 공통점이면서 차이점입니다. 천지와 천하의 존재 근거는 모두 '성(誠)-거짓 없음'이지만, 천지는 그렇게 주어진 것이고 천하는 그렇게 만들어 가야 하는 것입니다.

현실 가정의 형이상적 근원을 귀신(鬼神)으로 설명하고, 그 귀신을 다시 '성(誠)-거짓 없음'으로 수렴한 것이 16장입니다. 17장부터는 '성(誠)-거짓 없음'을 근거로 한 실제 세상의 모습이 펼쳐지고 있습니다.

■ 또 하나의 생각

제사

상례(喪禮)가 산 자와 죽은 자와의 육체적 이별에 관한 의식이라면, 제례(祭禮)는 산 자와 죽은 자 사이의 뜻의 만남에 관한 의식라고 하겠습니다. 이별이 슬픔이라면 만남은 기쁨입니다. 상례가 슬픔의 표현이어야 한다면 제사는 기쁨의 표현이어야 합니다. 결국 상례와 제례도 감정 표현의 문제인 것입니다. 『중용』의 첫 장부터 줄곧 얘기되고 있는 것처럼 인간 세상은 기쁨 · 성냄 · 슬픔 · 즐거움의 감정의 드러남일 뿐입니다. 슬픔도 마찬가지이지만 기쁨 또한 표현의 마디[절(節)]가 있어야 합니다. 슬픔의 표현에 마디가 없으면 몸과 마음을 상하게 되고, 기쁨의 표현에 마디가 없으면 제자리로 돌아오기 어렵게 됩니다. 그래서 감정이 드러남에 마디에 맞아야[중절(中節)]하는 것입니다.

제사에 관해서는 두 가지 논점이 있습니다. 하나는 제사를 지내야 하냐 말아야 하냐는 것과 지낸다면 어떻게 해야 하느냐는 의식(儀式)의 문제입니다.

먼저 제사를 지낼 것인지의 여부는 제사를 지내는 대상을 어떻게 이해하느냐에 달려 있습니다. 귀신을 고스트로 여긴다면 굳이 제사를 지낼 필요가 없습니다. 왜냐하면 고스트가 없다는 것은 이성적으로 명백하기 때문입니다. 또한 귀신을 음양의 작용이라고 해도 제사를 지낼 필요가 없습니다. 왜냐하면 그것은 제사와는 무관하게 움직이는 힘이기 때문입니다.

그렇다면 제사를 지낸다는 것은 귀신을 부모(조상)와의 연속성 · 지속성으로 볼 때만 제사 지냄의 의미를 가질 수 있는 셈이 됩니다. 제사를 지낼 것인가, 말 것인가의 논쟁의 핵심은 바로 이곳입니다. 어느 편을 선택하느냐는 스스로의 문제이고, 자신에게 스스로의 문제인 것처럼 타인의 결정을 가타부타 할 수 없고 할 필요도 없습니다. 그것은 세계관 혹은 인생관, 삶의 의미를 어떻게 볼 것인가의 문제이기 때문입니다.

여기서 말하는 제사는 물론 가정에서 부모(조상)에 대한 제사에 한정한 것입니다. 제례가 자신의 혈연적 근거에 대한 것만이 있는 것이 아닙니다. 하늘 · 땅 · 산천 나아가 종교적 경배의 대상에 대한 제례도 있는 것이며 때로는 그것과 부모(조상)에 대한 제사가 보완되기도 충돌하기도 하는 것이 현실입니다. 그 문제는 너무 갈래가 많기에 여기서는 부모(조상)에 대한 제사만을 한정하여 말하는 것입니다.

둘째는 제사를 올린다면 그 기쁨을 표현하는 의식(儀式)을 어떻게 할 것인가의 문제입니다. 이것도 현실적으로는 가정마다 가풍마다 다릅니다. 다르기에 충돌, 혹은 갈등이 있기 마련입니다. 다른 것이 틀린 것이 아닙니다. 슬픔을 표현하는 방식이 사람마다 다르듯이, 기쁨을 드러내는 방식도 다르기 마련입니다.

제사의 의식은 기쁨을 담는 그릇입니다. 그릇은 집집마다 달라야 합니다. 지역과 풍토에 따라 그릇의 소재와 모양이 다른 것이 당연하며, 가정 형편에 따라 그릇의 가격이 다른 것이 당연한 것입니다. 지역과 풍토를 무시하고 똑같은 그릇을 사용해야 하고, 가정 형편을 무시하고 높은 가격의 그릇을 사용해야만 기쁨의 감정이 잘 담기는 것이 아닙니다.

그렇다고 해서 아무 그릇이나 아무렇게나, 즉 의식(儀式)이 파편화되어도 좋다는 것은 아닙니다. 문제는 어떤 그릇이냐가 아니라 그릇을 잘 닦았느냐의 문제입니다. 그릇을 닦는 것부터가 기쁨의 마디입니다. 반가운 분을 맞이하기 위해 준비하는 그것이 이미 기쁨인 것이죠. 잘 닦은 그릇에 아무 음식이나 아무렇게나 놓지는 않을 것입니다. 정갈한 음식을 소중하게 올리게 됩니다. 그것이 또 하나의 기쁨의 마디입니다. 그런 기쁨의 마디마디가 다 제사 의식입니다. 기쁨이라는 원초적 감정에 꾸밈[식(飾)]이 더해져 문화[문식(文飾)]가 되는 것이며 인간이 되는 것입니다.

제사는 만남의 의식이어서 기쁨을 표현하기는 하지만, 그 만남의 대상은 우선적으로 부모(조상)와 자녀(자손)의 만남, 즉 수직의 만남입니다. 그러니 제사 의식이 절도가 없을 수 없는 것입니다. 수직의 만남인데 어떻게 기쁨을 거침없이 표현하겠어요. 즉 제사는 만남의 의식이기에 슬퍼할 것이 아니지만, 수직의 만남이기에 절제된 기쁨으로 표현되어야 한다는 것이죠. 그래서 많은 의례 가운데 제례가 가장 문식이 복잡한 것인지도 모를 일입니다. 제사는 수직의 만남이기도 하지만 제례 의식이 끝나면 형제자매의 수평적 만남이 시작됩니다. 이 만남에는 특별한 의식이 없습니다. 수평적이기에 좀 더 편안하게 기쁨이 표현될 수 있습니다. 음복과 놀이가 제사 뒤에 따라오는 이유입니다.

부언 - 우리 고대인의 제사와 축제

고대인들의 생활은 신(神)에 깊이 의존하고 있습니다. 단군이야기에서 보듯이 우리민족에게 있어서 신은 물리적 현상 앞에서 직접적으로 주어지는 단순한 공포적 대상이 아니라 인간사와 밀접한 관계를 가진 신입니다. 인간의 모든 일(360여 가지)에는 신이 관여하기 마련입니다. 그래서 인간은 생명과 곡식과 질병을 주관하는 신에 대하여 경배하는 의례(儀禮)가 없을 수 없습니다. 그 의례(儀禮)가 거국적인 행사로 드러나면 천제(天祭)가 됩니다. 의(義)가 날카롭고 엄격한 판단을 하는 것이라면 그 판단을 넘어서 혹은 그러한 판단을 접고서 마음과 마음으로 소통하는 것이 축제입니다. 우리 민족의 제사에 대한 기록을 몇 가지 살펴보죠.

> 섣달에 하늘에 제사를 지내는데 큰 모임이 날마다 이어지며, 마시고 먹고 노래하고 춤추는데(飮食歌舞) 이름 하여 영고(迎鼓)라 한다. 이때에 형옥을 끊고 죄수를 풀어 주기도 한다. 군사를 일으킬 일이 있을 때 또한 하늘에 제사 지낸다.

> 귀신과 사직, 영성에게 제사 드리기를 좋아하는데 10월이 되면 하늘에 제사 지내는 큰 모임을 가지니 이름 하여 동맹(東盟)이라 한다.

> 항상 10월이 되면 하늘에 제사 지냄에 밤낮으로 술을 마시며 노래하고 춤추는데 그것을 이름 하여 무천(舞天)이라 한다.

> 항상 5월에 밭갈이가 끝나면 귀신에 제사 지내는데 낮밤으로 술자리를 가지며 무리로 모여 노래하고 춤춘다. 춤은 여러 사람들이 서로 따르며 땅을 밟는데 리듬이 있었다. 10월에 농사가 끝나면 또한 다시 이와 같이 하였다.

제사 혹은 천제는 엄숙한 종교적 의미에 머무는 것이 아니라 거국적 단결을 목표로 하고 있으며 그를 통하여 사회의 공동체 의식을 고취하게 됩니다. 곧 종교와 사회운영 원리가 둘이 아닌 제정일치(祭政一致)의 접점이 바로 제사로 나타납니다. 그런데 천제가 갖는 또 하나의 성격은 축제로서의 의미에 있습니다. 제사라는 엄숙한 의례 뒤에 술과 노래와 춤이 곁들여짐으로써 그 사회는 심성적인 일체감을 이루어 낼 수 있었을 것입니다. 이 심성적 일체감은 국난을 극복하는 응집으로 발휘되기도 하고 또 한편에 있어서 술 · 노래 · 춤은 우리 민족의 기질적 특색(pathos)이 되어 신바람을 보여 주기도 합니다. 어찌 되었든 우리 민족은 하늘에 대하여 예를 올리면서 우리 의식과 정신의 근원을 하늘에 연결시킴으로써 이성적 측면에서는 우리 자신의 존귀성을 확인하였고, 감성적 측면에서는 동질감을 형성하여 이른바 정체성 확립에 있어서 하나의 요인으로 작용한 것입니다.

17장

덕 있는 자는 오래 살리라!

공자께서 말씀하셨다. "순임금은 참된 효를[대효(大孝)]이루시었구나! 덕(德)으로는 성인(聖人)이 되었고, 신분으로는 천자(天子)가 되었으며, 재물로는 온 세상[사해(四海)]을 소유했다. 죽어서는 종묘(宗廟)의 제사를 흠향(歆饗)했고, 자손들이 길이 보전되었다. 그러니 참된 덕(德)을 이루면 반드시 그 자리[위(位)]를 얻고, 반드시 그 복록을 얻으며, 반드시 그 명성을 얻고, 반드시 그 이어짐[수(壽)]을 얻는다.

子曰, "舜其大孝也與, 德爲聖人, 尊爲天子, 富有四海之內. 宗廟饗
자왈, "순기대효야여, 덕위성인, 존위천자, 부유사해지내. 종묘향

之, 子孫保之. 故大德必得其位, 必得其祿, 必得其名, 必得其壽.
지, 자손보지. 고대덕필득기위, 필득기록, 필득기명, 필득기수.

따라서 하늘이 만물을 낳음에 반드시 그 바탕에 따라서 돈독하게 하신다. 그렇기에 자신에게 심어진[재(栽)] 자질을 잘 키우는 자는 북돋워 주고, 자신에게 심어진 자질을 뒤집는[경(傾)] 자는 엎어 버린다.

故天之生物, 必因其材而篤焉. 故栽者培之, 傾者覆之.
고천지생물, 필인기재이독언. 고재자배지, 경자복지.

시경(詩經)에 말하기를, '아름다고 즐거운 군자여! 드러나고 또 드러난 참된 덕(德)이여! 백성들에게 마땅하고 사람들에게 마땅하도다. 하늘로부터 복록을 받아 잘 지키고 명(命)을 이루니 하늘로부터 거듭 명을 받으시는 도다!'라고 하였다. 따라서 참된 덕을 이루는 자는 반드시 명(命)을 받는다."

詩曰, '嘉樂君子, 憲憲令德, 宜民宜人, 受祿于天, 保佑命之, 自天申
시왈, '가락군자, 헌헌영덕, 의민의인, 수록우천, 보우명지, 자천신

之.' 故大德者必受命."
지.' 고대덕자필수명."

■ 글자 풀이

대효(大孝)

큰 효라고 새기는 것이 일반적이지만, 여기서는 참된 효라고 보았습니다. 지(知)에 대(大)를 붙인 것도 큰 지라고 보지 않고, 참된 지라고 한 것과 같은 맥락입니다.

덕위성인, 존위천자, 부유사해지내. 종묘향지, 자손보지(德爲聖人, 尊爲天子, 富有四海之內. 宗廟饗之, 子孫保之)

대부분의 번역이 순임금이 생전에 이룬 것을 묘사하는 것으로 이해하고 있습니다. 효(孝)는 당대에 한정되는 것이 아니라 연속성 · 지속성 속에서 있다는 것을 고려하여, 덕위성인, 존위천자, 부유사해지내(德爲聖人, 尊爲天子, 富有四海之內)를 생전, 종묘향지, 자손보지(宗廟饗之, 子孫保之)를 사후로 보았습니다. 김용옥 선생의 새김에 따른 것입니다.

대덕자필득기위, 필득기록, 필득기명, 필득기수(大德必得其位, 必得其祿, 必得其名, 必得其壽)

앞 구절인 '덕위성인, 존위천자, 부유사해지내. 종묘향지, 자손보지(德爲聖人, 尊爲天子, 富有四海之內. 宗廟饗之, 子孫保之)'와의 연계성을 갖고 보아야 합니다. 성인은 위(位), 천자는 록(祿), 사해(四海)는 명(名), 향지보지(饗之保之)는 수(壽)에 해당한다. 여기서 주의 깊게 볼 것은 위(位)와 수(壽)입니다.

위(位)

성인(聖人)을 '위(位)'라고 하고, 천자보다 앞에 두고 있습니다. 천자는 현실의 신분이고 신분은 상대적 개념입니다. 물론 천자는 더 이상의 높은 지위가 없는 자리이지만 그래도 하늘 아래입니다. 그런데 성인(聖人)은 하늘과 짝합니다. 그게 1장에 나오는 '천지위언(天地位焉), 만물육언(萬物育焉)'이며, 22장에 나올 '찬천지지화육(贊天地之化育), 여천지삼의(與天地參矣)'를 예고하는 것입니다.

성인은 신분이나 재물 그리고 자손의 번성과 관련된 것이 아니라 오로지 덕(德)으로만 관련됩니다. 이 부분은 공자(孔子)를 염두에 둔 것으로 이해해도 무방합니다. 공자는 신분에서는 천자는커녕 왕도 못 되었으며, 재물로는 먹을 것을 걱정한 적이 한두 번이 아니며, 아들과 손자를 먼저 보내는 시련을 겪습니다. 그렇지만 덕(德)으로 볼 때 성인(聖人)이 될 수 있다는 것입니다.

수(壽)

수(壽)를 순임금이 오래 산 것으로 이해하는 것이 일반적입니다. 어찌 되었든 주자는 순임금이 110세까지 살았기에 수(壽)라고 한다고 해석하고 있습니다. 그런데 앞서 말했듯이, 육체적 삶은 끝나게 됩니다. 60은 단명이고 80은 장수라고 하는 것은 육체적 삶에 대한 규정일 뿐입니다. 만약 효를 당대로만 이해하면 모든 효는 110년을 넘지 못합니다. 육체적 삶과 뜻의 삶을 함께 보면 효는 당대로 끝나지 않습니다. 그래서 순임금의 육체적 삶이 다른 사람에 비해 장수하기는 했지만, 그것보다는 순임금의 뜻의 삶이 후손에 의해 오래도록 받들어지고 이어졌다는 의미로 보았습니다.

자천신지(自天申之)

하늘로부터 명(命)을 거듭 받는 것을 뜻합니다. 명(命)은 일회성이 아닙니다. 명(命)은 하늘에서 내려 주어지는 명령에 그치는 것이 아니고,

그것을 사명(使命)화하는 것입니다. 명령을 사명으로 바꾸는 질적 전환이 되면 이제 명(命)은 하늘과 인간의 일방적 주고받음이 아니라, 인간과 하늘의 쌍방적 소통이 됩니다. 거듭 거듭 주고받는 것이죠.

■ 풀어 보기

여기서의 주제는 효(孝)이고 이것은 19장까지 계속됩니다. 효(孝)의 상징 인물로 순임금, 문왕, 무왕-주공(周公)이 등장합니다. 한 명이 등장하지 않고 여러 명이 등장하는 것은 바로 '뜻의 연속성 · 지속성'이 효임을 나타내기 위한 것이라고 하겠습니다. 이 17장의 주인공은 순임금입니다.

순임금은 앞서 6장에서 '참으로 아시는 분[대지(大知)]'으로 등장했습니다. 그런데 여기서는 '참된 효[대효(大孝)]'를 이루신 분으로 묘사되고 있습니다. 그냥 효도 아니고 참된 효라고 해서 앞에 참되다[대(大)]라는 수식을 붙인 것은 뒤에 나오는 문왕, 무왕과 차별성을 두기 위함입니다. 문왕은 순탄한 삶 속에서 효를 실천했고, 무왕은 정벌 전쟁을 치르게 됩니다. 순임금은 못된 계모와 동생이 가하는 참기 어려운 고난을 효로 이겨 낸다는 면에서 문왕과 다르며, 무력(武力)을 쓰지 않았다는 면에서 무왕과 구별됩니다.

효와 제사는 이어져 있습니다. 아니 효의 한 표현이 제사입니다. 부모의 육신을 봉양하고 부모의 뜻이 이루어지도록 하는 것이 부모가 살아계실 때의 효이고, 육신은 없지만 뜻을 잇는 것이 돌아가신 다음의 효입니다. 효를 봉양(奉養)으로만 이해하면 효는 부모님이 살아 계실 때까지만으로 한정됩니다. 그러나 부모가 돌아가시고 우리는 얼마나 땅을 치고 슬퍼합니까. 그것을 보면 효는 삶과 죽음의 경계를 넘어 있습니다. 아니, 삶과 죽음의 연속성을 확보하는 것이 효인 것입니다.

효의 의미를 쉽게 풀면, '나의 자녀가 이렇게 되기를 바라는 대로 부모에게 하는 것' 입니다. 그런 면에서 순임금은 참된 효[대효(大孝)]이며, 그렇기에 백성과 사람들에게 마땅함의 표본이 됩니다. 순임금은 덕(德)으로 치면 성인(聖人)이 되었고, 현실적 신분의 존귀함으로 보면 천자가 되었고, 재물로 보면 온 세상을 가졌습니다. 이런 자녀를 둔 부모의 기쁨은 어떻겠어요? 그것도 자신의 부모와 형제로부터의 괴롭힘을 이겨내고서 말입니다. 순임금이 참된 효[대효(大孝)]인 이유는 부모가 바라는 것을 모두 이루었기 때문입니다. 그리고 거기에서 끝나지 않고 그 순임금의 뜻이 순임금이 돌아가시고 난 뒤에 제사를 통해 이어지고, 자손들이 그것을 지켜 냈으니 순임금 당대에 효행을 한 것에 그친 것이 아니라 '뜻의 연속성 · 지속성' 까지 이룬 것이 됩니다.

그러면 순임금이 효를 할 수 있는 근원은 무엇이었을까요? 바로 성(性)에 있습니다. 부모의 사랑을 받고자 원하는 것이 성(性)입니다. 그것은 누구에게나 똑같습니다. 다시 말하면 효는 부모의 사랑을 구하는 행위이고, 그런 행위를 하게 되는 이유는 어쩔 수 없이 하게 되어 있습니다. 왜요? 성(性)이니까요. 부모-자녀는 공시적(共時的)입니다. 따라서 효는 부모의 사랑을 구하는 자녀의 행위이면서 동시에 자녀가 아프지 않기를 바라는 부모의 행위이기도 합니다. 그 둘이 만났을 때를 상상해 보세요. 그 얼마나 인간다움인가요. 자연 만물은 물론이요, 신(神)들조차 가질 수 없는 인간만의 실존적 기쁨이고 아름다움이 아닐까요? 그것을 이룬 이가 순임금이라는 것입니다.

하늘이 만물 각각에게 자질[성(性)]을 주는 것에는 차이가 없이 돈독합니다. 그리고 모든 인간에게는 인간됨의 자질을 주는 것 또한 차별 없이 돈독합니다. 그런데 자질을 잘 키우려고 노력하는[수도(修道)] 자는 북돋워 주고, 그 자질을 기울여 버리는 자는 뒤집어 버립니다. 자질을 잘 키우려고 노력하는 것이 바로 명(命)을 거듭 받는 것입니다. 명(命)은 한 번만 받는 것이 아니고, 하늘과 소통하는 끝없는 과정입니다. 하늘과 소통하는 과정은 위를 쳐다보고 기도하는 것이 아니라, 자신의 성(性)을 들여다보고 그것대로 하는 것입니다. 그러는 자가 참된 덕을 이루는 사람이며 그런 사람이 명(命)을 받는 것입니다.

■ 또 하나의 생각

오래 삶[수(壽)], 그리고 자리[위(位)]

오래 삶[수(壽)]

세상에는 죽음을 추구하는 사람도 사상도 없습니다. 스스로 목숨을 끊는 사람들이 없는 것은 아니지만 그들이 죽음을 추구하기 때문에 그런 것이 아니고 삶의 고난을 벗어나기 위한, 살려는 몸부림일 경우가 더 많습니다. 육신이 죽어야 천국에서 영생할 수 있다는 주장 또한 천국에서의 삶을 원하는 것이지 현세의 죽음을 추구하는 것은 아닙니다. 삶을 고통의 연속이라고 보는 불교 또한 고통의 극복을 추구하는 것이지 삶 자체를 부정하는 것이 아니며, 삶에의 의지를 버리라는 쇼펜하우어의 염세주의도 고통의 구원을 바라는 것이지 삶 자체의 단절을 추구하는 것은 아닙니다.

결국 사람들은 죽음보다는 삶, 살아 있음 자체를 더 값지다고 보고 있습니다. 그렇기에 짧은 삶보다는 긴 삶을 원하는 것도 당연합니다. 오래 살기를 원하는 것이 정당한 것이라면 오래 사는 것은 장려되어야 할 것입니다. 나라에서 기로연(耆老宴)을 베풀어 주던 조선 시대의 풍습도, 노인의 날을 맞아 장수 노인을 표창하는 지금의 모습도 그런 연장선이라고 할 수 있겠죠.

그렇지만 한편으로는 조금 더 오래 살기는 하겠지만 육신이 죽는 것 자체를 피할 수는 없습니다. 그래서 삶의 문제는 언제나 죽음과 같이 있으며, 삶의 태도는 죽음의 관점에 따라 수만 갈래로 달라질 수 있는 것입니다. 여기서는 그런 복잡한 것을 벗어나 오래 삶 자체만 얘기하려고 합니다.

얘기는 이렇습니다. "오래 사는 것은 장려되어야 할 것이다. 그런데 그 오래 삶에는 육신의 삶이 포함됨은 물론이요, 뜻의 삶도 있다."는 것입니다. 육신의 삶을 오래하기 위해서는 잘 먹고 · 잘 입고 · 적절한 운동 · 편안한 마음 갖기 등등의 수없이 많은 처방이 나돌고 있습니다. 그런데 '뜻의 삶'에 대해서는 관심도 적으며, 뜻의 삶을 오래하기 위한 처방은 찾아보기도 힘듭니다. 뜻의 삶은 육신의 삶보다 오래 살 수 있습니다. 진정으로 오래 사는 것은 나의 뜻이 이어지는 것입니다. 나의 뜻이 나의 자손에 의해 이어지고 있다면 나는 나의 자손 속에 살고 있는 것이 됩니다. 그러기 위해서는 내 속에 나의 부모(조상)가 살아 있어야 합니다. 내 속에 나의 부모의 뜻을 살리면 나의 부모는 오래 사는 것이고 내가 오래 사는 것입니다.

부언 – 정신(精神)의 지속성

조선 시대의 철학자 서경덕은 세계를 기(氣)의 모임과 흩어짐으로 설명합니다. 우선 그의 말을 들어 보도록 하죠.

> 기(氣)의 담일청허(湛一淸虛)는 끝이 없는 허(虛)에 꽉 차 있다. 모이기가 큰 것은 천지(天地)가 되고, 모이기가 작은 것은 만물(萬物)이 된다. 모이고 흩어지는 세기에 '미미함, 드러남, 오래됨, 빠름[미저구속(微著久速)]'이 있을 뿐이다. …… 비록 풀 한 포기 나무 한 그루 같은 미미한 것도 그 기(氣)는 끝내 없어지지 않으니 하물며 사람의 정신지각(精神知覺)이 모이기를 크고 또 오래한 것임에랴!

세계를 기(氣)의 취산(聚散)으로 보는 서경덕의 기에 관한 인식은 현실의 사물들은 크기의 대소, 시간의 장단, 조합의 정밀과 거침[정조(精粗)]에 따라 다양한 형체로 드러난다고 보는 것입니다. 그런데 기의 취산은 물질적 현상만이 아니라 인간의 정신지각에도 해당됩니다.

정신지각은 기와 구별되는 별도의 것이 아니라 '모이기를 크고 또 오래한 것[취지대차구자(聚之大且久者)]'로서의 기입니다. 이것은 서경덕에 있어서의 기가 '정신적인 어떤 것[선(善)]'과 떨어져 있고, 그것을 향해 가야 하는 대상이 아님을 의미합니다. 따라서 기가 기 바깥에 있는 준거를 향하여 가야만 하는 불완전한 어떤 것, 혹은 선(善)의 장애적 의미를 갖지 않습니다. 정신도 일종의 기이지만, 정신으로서의 기는 모이기를 크고 오래한 것이기 때문입니다. 정신도 인간의 한 현상이며 활동이라는 면에서, 율곡 이이도 기를 단순히 물질적인 것으로만 여기지는 않고 있습니다.

서경덕의 논구를 인정한다면 우리의 육체는 물론 정신도 기의 모임과 흩어짐이라고 볼 수 있습니다. 모이면 현실의 모습으로 드러나고 흩어지면 현상 세계에서 없어지는 것입니다. 육체의 기가 흩어지면 육체가 죽는 것이고, 정신의 기가 흩어지면 정신이 죽는 것입니다. 그런데 육체의 기와 정신의 기는 그 응집도와 지속성이 다르다는 것입니다. 정신은 육체보다 오래 삽니다. 모이기 자체를 오래했기 때문입니다. 모이기를 오래했다는 것은 정신이 부모(조상)로부터 지속적으로 쌓여서 내게 이르렀고, 나의 자녀(자손)로 이어지기 때문입니다. 그게 바로 오래 삶입니다. 단, 오래 삶이지 영생(永生)은 아닙니다. 영생은 없습니다. 정신 또한 언젠가는 흩어집니다.

한 가지 더 말하기로 하죠. 육체적 유전자는 부모-자녀를 통해 이어지지만 뜻의 유전자는 부모-자녀를 통해서만 이어지는 것은 아닙니다. 그런 면에서 뜻은 자손에 의해 살아지기도 하고, 다른 사람에 의해 살아지기도 합니다. 순임금은 육체적으로 오래 살았고, 뜻으로도 자손에 의해 살아졌고, 백성들과 뭇사람들에 의해서도 계속 살아 있습니다. 진정한 수(壽)를 누리고 있는 것이라고 하겠죠.

자리[위(位)]

복록[녹(祿)], 명성[명(名)], 오래 삶[수(壽)]은 구체적 지시 대상을 갖고 있습니다. 높은 지위가 복록이고, 온 세상의 소유가 명성이고, 자손들에 의해 뜻이 이어지는 것이 오래 삶입니다.

자리[위(位)]는 한정적이지 않습니다. 모든 곳이 다 자리[위(位)]입니다. 그런데 그 자리를 성인(聖人)에 대응시키고 있습니다. 이것을 풀이하면 성인은 모든 자리[위(位)]에서 가능한 것이라고 볼 수 있습니다. 다시 말하면 특정한 자리가 아니라 개방된 자리라는 것입니다. 복록 · 명성 · 오래 삶은 모두에게 개방되어 있지 않습니다. 좋은 복록, 좋은 자손을 두어야 하는 환경적 요소 즉 사람의 노력에 의해서만 이루어질 수 없는 면이 있습니다. 그런데 덕(德)은 그렇지 않습니다. 이미 덕의 자질[재(材)]은 누구에게나 보편적으로 주어져 있습니다. 그것이 성(性)입니다. 그렇다면 성인의 자리는 특정한 자리가 아니라 성인이 있는 자리를 말하는 것이 됩니다. 성인은 모든 자리에 있을 수 있고, 모든 자리가 성인의 자리일 수 있습니다. 신분의 고하[록(祿)]와 무관하고, 재물의 많고 적음[명(名)]과도 관계없으며, 오래 삶[수(壽)]을 조건으로 하지도 않습니다.

자리의 무규정성 때문에 누구나 그 자리에 있을 수 있습니다. 그 자리에 있느냐는 것은 오직 자신에게 달려 있습니다. 자신의 성(性)을 따르는 것이고, 그것은 바로 효(孝)라는 구체적 행위를 통해 현실화됩니다. 세상의 모든 효자들은 모두 성인(聖人)이고 참된 덕[대덕(大德)]을 실현한 자들인 것입니다.

성인의 자리는 주어지는 것이 아니다. 바로 나에게 있습니다.

18장

부모의 상(喪)에는 귀천의 구별이 없다

공자께서 말씀하셨다. "근심이 없으신 분은 그 오직 문왕이시구나! 위로는 왕계(王季)를 아버지로 두었고, 아래로는 무왕(武王)을 아들로 두었으니 아버지가 일으키고 아들이 계승하였다.

子曰, "無憂者其惟文王乎, 以王季爲父, 以武王爲子, 父作之, 子述之.
자왈, "무우자기유문왕호, 이왕계위부, 이무왕위자, 부작지, 자술지.

무왕은 대왕(大王) · 왕계 · 문왕이 열어 놓은 실마리를 계승하였다. 한 번 군사를 일으켜 천하를 소유하였으니 그 몸은 천하에 드러난 명성을 잃지 않았다. 신분으로는 천자가 되었으며, 재물로는 온 세상을 소유했다. 죽어서는 종묘의 제사를 흠향했고, 자손들이 보전되었다.

武王纘大王 王季 文王之緖, 壹戎衣而有天下, 身不失天下之顯名.
무왕찬태왕 왕계 문왕지서, 일융의이유천하, 신불실천하지현명,

尊爲天子, 富有四海之內. 宗廟饗之, 子孫保之.
존위천자, 부유사해지내. 종묘향지, 자손보지.

무왕은 말년에야 천명을 받았다. 그래서 주공(周公)이 문왕과 무왕의 덕을 완성하였으니 대왕 · 왕계를 왕으로 추존하였고, 위로 먼 조상까지 천자의 예(禮)로써 제사 지냈다. 이 예(禮)가 제후, 대부, 선비 및 일반인까지 모두 미치어 통하게 되었다. 아버지가 대부이고 아들이 선비라면 장례는 대부의 예로써 하고 제사는 선비의 예로써 하며, 아버지가 선비이고 아들이 대부이면 장례는 선비의 예로써 하고 제사는 대부의 예로써 한다. 1년간 상복을 입는 것은 대부에게까지 미치고 3년간 상복을 입는 것은 천자까지 미치지만, 부모의 상복을 입는 것은 귀하고 천함의 차이가 없이 한가지이다."

武王末受命, 周公成文武之德, 追王大王王季, 上祀先公以天子之禮.
무왕말수명, 주공성문무지덕, 추왕태왕왕계, 상사선공이천자지례.

斯禮也, 達乎諸侯大夫, 及士庶人. 父爲大夫, 子爲士, 葬以大夫, 祭
사예야, 달호제후대부, 급사서인. 부위대부, 자위사, 장이대부, 제

以士. 父爲士, 子爲大夫, 葬以士, 祭以大夫. 期之喪達乎大夫, 三年
이사. 부위사, 자위대부, 장이사, 제이대부. 기지상달호대부, 삼년

之喪達乎天子, 父母之喪無貴賤一也."
지상달호천자, 부모지상무귀천일야."

■ 글자 풀이

무우자기유문왕호(無憂者其惟文王乎)

"근심이 없는 자는 오직 문왕이시구나!" 라는 뜻입니다. 순임금은 아

버지, 계모, 이복동생에게 많은 괴롭힘을 당합니다. 지붕을 고치라고 해서 지붕에 올라가면 사다리를 치우고 집에 불을 지르기까지 했으니 그 고난은 참 눈물겹습니다. 무왕은 어쩔 수 없다고는 하지만 갑옷을 입고 전쟁을 치렀습니다. 순임금은 가족이 괴롭히고 있는 고난 속에 있었으니 그 가족을 걱정하는 근심이 매우 깊었을 것입니다. 무왕은 폭군에게 시름하고 있는 백성들에 대한 근심과 전쟁을 해야만 하는 결단에 힘들어 했을 것입니다. 반면, 문왕은 어진 덕을 쌓고 있던 왕계를 아버지로 두었고 전쟁을 하지도 않았으며 게다가 자신의 뜻을 잇고 있는 아들이 있었으니 근심이 없었을 것입니다.

일융의(壹戎衣)

융의(戎衣)는 갑옷과 같은 전투복을 말합니다. 일(壹)은 한 번이라는 의미입니다. 무왕이 전쟁을 한 번 일으켰다는 것을 뜻합니다.

신불실천하지현명(身不失天下之顯名)

"그 몸은 천하에 드러난 명성을 잃지 않았다."는 뜻입니다. 전쟁을 일으켰지만 그 전쟁이 정의로운 전쟁이었기에 사람들로부터 원망을 듣지 않았다는 것입니다. 주(紂)의 폭압 아래에 있는 백성을 구한 것이기 때문입니다. 그럼에도 불구하고 전쟁은 전쟁이기에 그로 인해 희생당한 사람이 없을 수는 없습니다.

■ 풀어 보기

앞 장은 순임금의 예화를 통해 참된 효는 부모의 뜻의 연속성 · 지속성이라는 것을 말했습니다. 여기서는 뜻의 연속성 · 지속성에 대해 문왕, 무왕, 주공을 통해 역사적으로 증명하고 있습니다. 순임금이 상징적이고 신화적이라면 문왕, 무왕, 주공은 역사적이고 실제적입니다. 상징과 신화를 역사화하고 실제화하여 더욱 구체적으로 다가오게 만든 것입니다.

뜻의 지속은 대략 이렇게 됩니다. 문왕은 아버지 왕계(王季)를 이은 것이고, 그 문왕의 뜻을 아들인 무왕이 이었습니다. 왕계-문왕-무왕의 연속성 · 지속성을 갖는 것이죠.

그런데 무왕은 계보를 좀 더 근원으로 확장합니다. 왕계의 아버지인 대왕[태왕(太王)]으로 소급합니다. 대왕-왕계-문왕-무왕의 계보를 완성하고, 그들의 뜻을 잇기 위해 어쩔 수 없이 무력을 통해 포악한 주(紂)왕을 몰아냅니다. 그래서 무왕은 "신분으로는 천자가 되었으며, 재물로는 온 세상을 소유했다. 죽어서는 종묘의 제사를 흠향했고, 자손들이 길이 보전되었다."고 묘사됩니다. 하지만 순임금에게 적용되고 있는 "덕(德)으로는 성인(聖人)이 되었다."는 높임이 무왕에게는 해당되지 않습니다.

무왕이 말년이 되어서야 천자의 자리에 오르니 그의 동생 주공(周公)이 뜻을 잇게 됩니다. 주공은 뜻의 연속성 · 지속성을 무왕보다 더 확장합니다. 돌아가신 조상들의 계보를 추존하여 천자의 예로써 높여서 제사한 것이죠.

제사는 '뜻의 생명'의 연속성 · 지속성을 확인하는 의식(儀式)이라는 것을 앞 장에서 설명했습니다. 주공은 그 의식의 범례를 이룬 것입니다. 제사의 대상을 조상까지 소급한 것은 육신의 삶은 끝이지만 뜻의 생명은 끝난 것이 아니기 때문입니다. 제사는 죽은 자의 뜻과 산 자의 뜻의 만남이고, 상례는 죽은 자의 육신과 산 자의 육신과의 이별입니다. 그래서 상례는 죽은 자 중심이고, 제사는 산 자 중심으로 예가 이루어집니다. 상례는 죽은 자의 신분 · 재물 · 명성에 맞추어 보내 드리는 것이며, 제사는 죽은 자를 부르는 산 자의 신분 · 재물 · 명성에 맞추어 맞이하는 것입니다. 주공은 그런 원칙을 세워 적용한 것입니다.

그래서 죽은 자의 신분이 대부이고 그를 보내는 자의 신분이 선비라면 상례는 대부에 맞게, 제사는 선비에 맞게 하는 것입니다. 그렇습니다. '맞게' 장례하고 '맞게' 제사하는 것이 핵심입니다. 신분 · 재물 · 명성에 맞지 않게 장례와 제사를 지내는 것은 신분을 훔치는 것이고 재물을 낭비하는 것이고 명성을 잃는 것입니다. 그래서 신분과 재물에 비해 인색하게 장례를 해서도 안 되며, 신분을 넘고 재물을 낭비하며 제사를 지내는 것도 옳지 못한 것입니다.

대부는 자신의 영역 범위 안에서는 높은 신분을 가진 분이기에 1년간 상복을 입습니다. 그러나 선비의 상에 1년간 상복을 입는 것은 신분을 훔치는 것이 됩니다. 천자는 온 세상의 어버이이기에 3년간 상복을 입습니다. 그런데 자신의 부모가 돌아가셨다면 그때는 신분의 고하나 귀천과 관계없이 3년간 상복을 입습니다. 부모는 누구에게나 똑같이 소중한 자신의 부모이기 때문입니다. 천자가 부모의 위치를 대신하기에 천자이지, 부모가 천자의 위치를 갖고 있기에 부모가 아닌 것입니다. 즉 천자의 모범이 부모이지, 부모의 모범이 천자가 아닙니다. 그렇기에 부모의 상에는 신분의 구별이 없이 동등한 것입니다.

■ 또 하나의 생각

부모 품기 – 삼년상(三年喪)

자연 상태에서 벗어나 인문 세계, 인간 세상을 구성한 모든 사회는 관혼상제(冠婚喪祭)의 의식(儀式)을 갖고 있습니다. 특정 사회에는 특정 의식이 있기 마련입니다. 의식 자체가 항구성, 불변성을 갖고 있지는 않습니다. 의식은 변하는 것이죠. 특정한 사상적 기조에 의해서 변하기도 하고, 경제 · 사회 상황에 의해 변하기도 하고, 권력에 의해 변하기도 합니다. 그런데 한 사회가 시간적 압축을 겪고 있다면 의식의 변화에 따른 갈등이 만만치 않습니다. 관례와 혼례에 비해 상례와 제례는 더욱 그렇습니다. 관례와 혼례는 축제와 같은 의식이기에 변화에 비교적 너그럽게 대하기 마련입니다.

세계사에서 유래를 찾기 힘들 정도로 근현대사에서 시간적 압축을 겪은, 그리고 아직도 겪고 있는 우리나라를 보면 관례는 아예 없어졌다가 근래 몇 년 이래에 다시 의식으로 표면화되었습니다. 그러다 보니 그 관례가 전통의 계승 형태도 아니고, 타문화의 적용도 아닌 정체성

불명의 의식이 되어 버린 것 같습니다. 아니 정체성 불명이 아니라 오직 육체적 성인에 대한 사회적 인증이 되어 버린 감이 있습니다. 그러다 보니 '성인=자기의 성(性)을 자기 마음대로 처분할 수 있음(특히 유희를 위해서)'의 정체성을 사회적으로 장려하는 의식이 되어 버린 것 같습니다.

혼례는 시간적 압축 속에서도 없어지지는 않았습니다. 인륜의 대사이니까요. 그러나 그 정체성에서 인륜의 대사라는 것은 없어졌습니다. 그 자리에 남녀의 결합이 들어왔습니다. 인륜은 관계이고, 가장 기본적 관계는 오륜(五倫)입니다. 혼례는 오륜 속에서의 자신을 위치 지우는 것이었습니다. 혼인 이전의 자신의 위치와 혼인 이후에 자신의 위치는 다릅니다. 그것을 확인하고 승인하는 사회적 의식이 혼례였습니다. 물론 예전의 혼례도 유희적 이벤트가 있었습니다. 그런데 지금의 혼례는 유희적 이벤트만 남았습니다. 그것도 국적 불명의, 오직 상업화된 상품 구매의 연속으로 변했습니다. 결혼을 위해 수많은 남녀가 얼마나 많은 상품을 구매하고, 구매해야 하는지를 떠올려 보면 끔찍할 정도입니다. 혼례는 처음부터 끝까지 상품 구매의 과정이고 단계가 되어 버린 것 같습니다.

장례와 제례는 관례와 혼례에 비해 그 변화의 폭이 크지 않았습니다. 그럼에도 불구하고 옛 모습의 장례와 제례가 유지되고 있는 것은 아닙니다. 제례는 종교적 관점에 따라 지내느냐 그렇지 않느냐의 갈등을 겪으며 간소화라는 추세를 가고 있습니다. 그렇습니다. 간소화의 법칙이 가장 많이 적용된 것이 상장례입니다. 혼례는 번잡화(상업화)의 길로

갔고, 장례와 제례는 간소화의 길로 간 것입니다. 죽은 자와 산 자의 무게가 다르지 않았던 세계관에서, 산 자의 무게를 더 무겁게 여기는 세계관으로 변한 셈입니다.

어찌 되었든 지금 돌아가신 부모를 보내기 위해 삼년상(三年喪)을 한다고 하면 신문에 대서특필은 물론이요, 흥미 프로그램 및 휴먼 다큐에 등장할 것입니다. 아마 누군가 삼년상을 옹호하고 장려한다면 구시대를 사는, 현실에 적응하지 못한 허황된 사람이라고 할 것입니다. 산업화도 아니고 그것보다 몇십 배 빠르게 변화하고 있는 정보 사회에서 3년간을 상례를 치르고 나면 적응할 수 없을 정도로 사회는 변해 있을 것입니다. 예전에도 온전히 삼년상을 치른 사람이 많은 것은 아니었던 것 같습니다. 선비나 대부 혹은 왕가의 사람은 통치의 명분을 지키기 위해서라도 삼년상을 하지 않을 수 없었을 것입니다. 하지만 일반 백성은 사회경제적 여건 때문에 삼년상을 하기 힘들었을 것입니다. 그렇다면 선비 · 대부 · 왕가의 사람은 효심이 지극하고 백성은 그렇지 않다는 것일까요? 절대 그렇지 않다는 것은 설명할 필요도 없습니다. 그럼에도 불구하고 삼년상을 상례의 기준으로 둔 이유는 무엇일까요? 그것은 바로 '품음' 때문입니다.

삼년상은 횟수로 3년이지만, 실제로는 2년 정도 돌아가신 부모를 품는 것입니다. 나의 삶은 부모의 '품음' 속에서 생명의 과정이 됩니다. 어머니의 배 속에서 1년간 있어야 하고, 아버지 어머니의 품속에서 1년을 보내면서 사람의 형태를 갖는 생명이 됩니다. 사람으로서의 생명이 되기 위한 기본적 시간이 2년이 필요한 것이죠. 그 의식(儀式)의 매듭지음이 '첫돌'입니다. 첫돌은 서양식으로 하면 한 살이지만 우리 식으로 하면 두 살이 됩니다. 왜냐하면 나의 생명은 어머니 배 속에서 나오면서 시작되는 것이 아니라 어머니의 배 속에 자리 잡으면서부터, 그때부터 부모의 '품음'이 시작되기 때문입니다. 그렇게 나를 품었던 부모님이 떠나셨습니다. 부모의 '품어 줌'에 대한 최소한의 '품음'으로 보답하기 위해 만 2년간이라도 부모를 품어야 한다는 생각이 의례화된 것이 삼년상인 것입니다.

의식(儀式)은 변합니다. 지금 시대에 삼년상을 하면서 지낼 수는 없습니다. 그렇다고 해서 부모가 나를 품는 최소한의 기간이 짧아지는 것은 아닙니다. 오히려 사회적, 경제적 여건으로 인해 부모가 자녀를 품는 기간이 늘어나고 있습니다. '품음'의 관점으로 보면 삼년상이 짧아져야 할 것이 아니라 늘어나야 합니다. 그러나 그럴 수도 없습니다. 그렇다면 이제 남는 것은 의식이 아니라 의식에 담으려고 했던 '뜻'뿐입니다. 그것이 문제입니다. 의식이 없어지니 그 '뜻'마저 폐기 처분되고 있는 것이 현실입니다. 물론 '뜻'이 담길 수 있는 의식도 있어야 합니다. 그리고 의식에 따라 뜻이 빛나기도 하고 뜻을 잃기도 합니다. 그렇습니다. 바로 그런 면에서 사회의 어른이 필요한 것이며, 사회적 공감이 필요합니다. 뜻마저 잃어버리기 전에 말입니다.

19장

효는 뜻을 잇는 것

공자께서 말씀하셨다. "무왕과 주공은 그 누구에게나 효로 불리시는구나!

子曰, "武王 周公, 其達孝矣乎.
자왈, "무왕 주공, 기달효의호.

무릇 효라는 것은 부모의 뜻을 잘 잇고, 부모의 일을 잘 전하는 것이다. 봄가을이 되면 사당을 손보고, 대대로 소중하게 여겨 온 기물(器物)들을 진열하고, 그 의상을 펼쳐 놓고 제철에 나는 음식을 차린다. 황실[왕실-종묘(宗廟)]에서 제사 지내는 예는 소목(昭穆)의 순서를 정하는 것이다. 벼슬에 따라 서열을 매기는 것은 신분의 귀하고 천함을 구분하는 것이고, 맡은 일에 따라 차례 지우는 것은 어짊을 분별하는 것이다. 여럿이 술을 돌림에 손아랫사람이 손윗사람에게 술을 올릴 기회를 주는 것은 공경의 마음을 표현할 기회를 주는 것이요, 제사를 마치고 잔치를 할 때에 머리 색대로 순서를 정하는 것은 나이 많은 이를 존중하는 것이다. 이와 같이 그의(부모, 조상) 자리를 밟아 보고, 그가 행했던 예를 행하고, 그가 들었던 음악을 연주하고, 그가 존경했던 바를 공경하고, 그가 아꼈던 혈육을 사랑하고 마치 죽은 이 섬기기를 산 이 섬기듯이 하며, 없는 이 섬기기를 있는 이 섬기듯이 한다면 그것이 효의 지극함이다.

夫孝者, 善繼人之志, 善述人之事者也. 春秋脩其祖廟, 陳其宗器, 設
부효자, 선계인지지, 선술인지사자야. 춘추수기조묘, 진기종기, 설

其裳衣, 薦其時食. 宗廟之禮, 所以序昭穆也, 序爵, 所以辨貴賤也,
기상의, 천기시식. 종묘지례, 소이서소목야, 서작, 소이변귀천야,

序事, 所以辨賢也, 旅酬下爲上, 所以逮賤也, 燕毛, 所以序齒也.
서사, 소이변현야, 여수하위상, 소이체천야, 연모, 소이서치야.

踐其位, 行其禮, 奏其樂, 敬其所尊, 愛其所親, 事死如事生, 事亡如
천기위, 행기례, 주기악, 경기소존, 애기소친, 사사여사생, 사망여

事存, 孝之至也.
사존, 효지지야.

하늘과 땅에 지내는 제사는 상제(上帝)를 섬기는 것이고, 종묘의 예는 그 선조에게 지내는 제사이다. 하늘과 땅에 지내는 예와, 시조(始祖)에게 제사 지내는 것과 계절마다 지내는 예에 밝다면 나라를 다스리는 것은 손바닥을 보는 것과 같을 것이로다!"

郊社之禮, 所以事上帝也, 宗廟之禮, 所以祀乎其先也. 明乎郊社之
교사지례, 소이사상제야, 종묘지례, 소이사호기선야. 명호교사지

禮, 禘嘗之義, 治國其如示諸掌乎."
례, 체상지의, 치국기여시저상호."

■ 글자 풀이

달효(達孝)

통달한 효를 말합니다. 모두에게 칭찬받는 효라는 의미도 되고, 누구나 이루어야만 효라고 볼 수도 있습니다.

조묘(祖廟)

조상의 사당입니다. 일반인은 1대, 높은 선비는 2대, 대부는 3대, 제후는 5대, 천자는 7대까지 모십니다.

종기(宗器)

조상들이 소중하게 여겨서 대대로 소장하여 내려오는 귀중한 물건들입니다. 각 가정마다 소중하게 여기는 것이 있을 것입니다.

시식(時食)

계절 음식입니다. 제사를 올릴 때는 그 계절에 나는 음식을 올립니다.

소목(昭穆)

종묘에서의 배열을 정하는 순서입니다. 왼쪽이 소, 오른 쪽이 목이 됩니다. 번갈아 자리합니다. 시조가 가운데 있고, 1대가 왼쪽 2대가 오른 쪽, 3대가 왼쪽 4대가 오른 쪽의 순서로 배열되는 것이죠.

여수(旅酬)

여럿이 술잔을 주고받는 것으로, 아랫사람이 윗사람에게 술을 먼저 올립니다.

연모(燕毛)

잔치에서 연장자를 높여 주는 것을 말합니다. 벼슬이나 촌수와 관계없이 나이가 많은 사람을 높여 주는 것입니다.

교사(郊社)

교(郊)는 하늘에 지내는 제사이고, 사(社)는 땅에 지내는 제사입니다. 조상을 넘어선 만물의 근원에 대한 제사입니다. 교사를 모두 지낼 수 있는 지위는 천자이고, 땅에 제사 지낼 수 있는 지위는 제후까지입니다.

체상(禘嘗)

체(禘)는 시조를 배향하는 것이고, 상(嘗)은 가을에 지내는 제사입니다. 철마다 제사를 지낸다는 것을 상징적으로 말한 것입니다

■ 풀어 보기

앞 장에 이어서 여기에서도 부모의 뜻을 잇고, 부모의 일을 전하는 것을 말하고 있습니다. 특히 제사를 말함은 제사가 죽은 자와 산 자의 만남이기 때문입니다. 여기서는 제사의 의식(儀式)적인 면이 서술이 되어 있는데 이것을 현재에 그대로 적용할 수는 없습니다. 그때와 지금의 사회와 정치가 다르기 때문입니다. 그렇습니다. 효의 뜻은 그대로이지만 효를 담아내는 그릇의 형태를 결정하는 사회와 정치는 다를 수 있습니다. 그러니 그릇의 형태에 대한 가타부타는 중요하지 않은 것이고, 효의 뜻이 무엇인가에 대한 명료화가 필요한 것입니다.

효가 무엇인지는 간단명료합니다. '부모의 뜻을 잇고, 부모의 일을 전하는 것' 입니다. '잇기' 만 하고 '전함' 이 없으면 지속성과 연계성을 갖지 못합니다. 물론 여기서는 천자의 지위를 가진 무왕과 제사의 예를 의례적 측면에서 완성해 낸 주공에 관한 얘기라서 천자나 학자가 아닌 백성, 일반 가정에 해당되지 않는다고 할 수도 있습니다. 그러나 첫 구절에 '달효(達孝)' 라고 했습니다. 이 말은 모든 사람들이 무왕과 주공을 효라고 칭찬한다는 의미도 되지만, 그들이 보여 주었던 효가 모든 사람들에게 두루 통한다는 의미도 되는 것입니다.

즉 한 가정을 하나의 천하로 보면 되는 것이죠. 다만 천자는 가정의 일이 가정에서 그치는 것이 아니라 정치라는 새로운 장(場)으로 확대되는 것이요, 우리의 일반 가정은 가정의 일에 멈추는 차이는 있습니다. 그러나 가정을 바루게 하는 것[제가(齊家)]이나 나라를 통치하는 것[치국(治國)]은 모두 사람을 다스림[치인(治人)]의 범주에 있습니다. 그런 면에서 가정을 갖는다는 것은 치인의 차원으로 들어감을 의미합니다. 여기서의 중점은 제가(齊家)에 있습니다. 제가의 원리는 일반 가정이나 천자의 가정이나 다를 바 없습니다.

묘사된 제례 의식을 현대적으로 풀어 보죠. 어느 때가 되면 돌아가신 부모(조상)를 그리워하는 사람들이 모이게 되는데, 우선 돌아가신 분으로부터 가깝고 먼 촌수를 확인[서소목(序昭穆)]하고, 일가친척 가운데 사회적 명망을 얻은 사람을 높여 주어야[변귀천(辨貴賤)]합니다. 또 제사를 받드는 데 노고가 있는 사람을 높여 주어야[변현(辨賢)]하고, 돌아가신 부모(조상)에게 혹은 살아 있는 사람들이 술을 권함에 촌수가 멀거나 명망이 없거나 노고가 많지 않은 사람에게도 술을 올릴 기회를 주어야[체천(逮賤)]합니다. 제사가 끝나고 나면 그런 촌수 · 귀천 · 노고를 떠나 연장자를 높여 주어야[서치(序齒)]하는 것입니다. 이와 같은 것은 꼭 천자에게 해당하는 것이 아니라 일반 가정에서도 적용되는 것입니다. 그래서 달효(達孝)인 것입니다.

그런 모든 의식적 절차의 요점은 간단합니다. 죽은 이를 살아 계신 것처럼, 없어진 이를 여기에 있는 것처럼 섬기는 데 있습니다. 그의 위(位) · 예(禮) · 악(樂)을 해 보고 그가 아꼈을 사람들을 사랑하면 되는 것입니다. 그런데 위(位) · 예(禮) · 악(樂)은 천자와 관련된 것이기에 일반 가정에서는 적용되기 힘듭니다. 그럼에도 '그가 아꼈을 사람들을 사랑하는 것'은 통용되는 면이 있습니다. 즉 돌아가신 그가 아꼈을 사람들을 내가 사랑한다면 그는 죽은 것이 아니며 없어진 것이 아닙니다. 그의 뜻과 사랑이 나를 통해 이어져서 다른 이에게 전해지고 있기 때문입니다. 그것이 바로 지극한 효이고, 효의 지극함입니다.

마지막 구절[교사지례(郊社之禮) 이하]은 가정에서 정치로 넘어가는 마디입니다. 그래서 다음의 20장에서는 정치에 관한 얘기를 하고 있습니다. 그런데 핵심은 제가와 치국이 다른 지평이 아니라 제가의 연장이 치국이라는 데 있습니다. 가정의 원리와 치국의 원리를 다르게 이해하지 않는 것이 유가(儒家)의 특징입니다. 유가만큼 가정과 국가를 같은 지평에서 놓는 사상은 없는 것 같습니다. 그래서 일면으로 보면 유가의 정치론을 순박하다 못해 어리석다고 하기도 할 것입니다.

그러나 정치는 인간의 일을 처리하는 것이고, 인간의 일은 사람들 사이의 관계[간(間)]라고 본다면, 정치는 제도나 법보다는 사람에게 달려 있다는 것이 확실합니다. 제도의 미비나 잘못된 법도 문제이겠거니와 근원적으로는 정치를 하는 사람에 의해 정치가 잘되고 못되는 것입니다. 가정도 마찬가지일 것입니다. 가정을 구성하는 특히 가정의 어른이 어떤 사람인가에 따라 가정이 달라집니다. 정치라고 다르지 않습니다. 그 집단에 대한 결정권을 가진 이가 어떤 사람인가에 따라 집단 구성원의 삶이 달라집니다. 아, 무섭습니다!

■ 또 하나의 생각

죽은 이 섬기기를 산 이 섬기듯이

사(死)는 처음 죽었을 때를 이르고, 장례를 하고 나면 돌아가 없어졌다고 보기 때문에 망(亡)이라고 표현합니다. 합쳐서 말하면 사망(死亡)이 됩니다. 사망하면 육체적 생명은 끝이 납니다. 눈에 보이던 모습이 없어집니다. 여러 차례 말했지만 그렇다고 뜻의 생명이 없어지는 것이 아닙니다. 뜻의 생명은 자손에게로 이어집니다. 물론 반드시 자손이 아니어도 뜻의 생명은 이어질 수 있습니다. 좋은 뜻은 꼭 혈통으로 이어지는 것은 아닙니다. 시대와 공간을 넘어서 좋은 뜻을 따를 수 있기 때문입니다.

효를 선인(先人)의 뜻을 잇고, 그것을 후세에 전하는 것으로 이해한다면 효(孝)는 가정이나 혈육의 한계에 갇혀 있지 않습니다. 육체적 생명의 요소는 유전자로 혈통에게만 전해집니다. 그런 면에서 분명 혈통은 있습니다. 그러나 뜻의 생명은 혈통을 넘어서 있습니다. 오히려 역사적으로 볼 때, 뜻은 자손보다는 그 뜻을 잇고자 하는 사람에게 전해집니다. 혈통과 뜻의 이음이 일치하는 것이 문왕-무왕-주공의 계보입니다. 순임금은 그런 혈통을 갖지 못하였지만 덕(德)을 이룬 그 뜻은 이어져 공자에 의해 선양되고 있으며, 공자 또한 혈통에 의해 뜻이 이어지는 것이 아니라 제자들에 의해 이어집니다. 그 뜻 이음을 '효'라고 보는 패러다임이 필요합니다.

뜻 이음의 생생한 재현이 바로 '죽은 이 섬기기를 산 이 섬기듯이' 하는 것입니다. 분명 죽은 이는 눈에 보이지 않고 손에 잡히지 않으며 그 목소리 또한 들을 수 없습니다. 그럼에도 그가 여기에서 나를 보고 있고, 나를 어루만지고 있으며, 나에게 무슨 말을 하고 있다고 여김으로써 그는 나와 함께 살아 있게 됩니다. 생과 사, 있음과 없음, 귀신과 인간, 종교와 윤리가 일체가 되는 순간인 것이죠. 죽은 이를 살리는 것이며 동시에 나도 인간으로서의 삶을 살게 되는 것입니다. 그리고 나 또한 육신의 생명은 사라지겠지만 뜻 이음에 의해 살아납니다. 내가 부모(조상, 선인)의 뜻을 이음으로써 부모가 내게 살아오는 것처럼, 나의 후대가 나의 뜻을 이음으로써 나는 후대에게 살아납니다. 사후 세계는 삶과 다른 시공간에 있는 것이 아닙니다. 사후 세계는 바로 뜻 이음의 생생한 현재에 있습니다. 그런 면에서 오래 삶은 천국 · 극락 · 신선 세계에 있는 것이 아니라 바로 지금 여기에 있는 것입니다. 뜻 이음의 순간에 있습니다. 죽은 이는 현재에 나와 함께 있는 것입니다. '죽은 이 섬기기를 산 이 섬기듯이' 한다면 말입니다.

20장

그런 사람이 있으면 그런 정치가 펼쳐지리

애공(哀公)이 정치의 방법에 대해 묻자 공자께서 말씀하였다. "문왕과 무왕의 정책은 방책(方策)에 널려 있습니다. 그런 사람이 있을 때 그런 정책이 시행되는 것이고, 그런 사람이 없으면 그런 정책은 시행되지 못합니다. 사람의 길[도(道)]은 정책에 빠르게 반응하고, 땅의 길은 나무에 빠르게 반응합니다. 무릇 정책이 사람에게 신속하게 반응된 것을 나무에 빗대면 잘 자라는 갈대와 같습니다. 그러므로 정치를 하는 것은 사람에게 있으며, 사람을 얻는 것은 자신의 몸에 비추어야 하는 것이며, 몸을 닦는 것은 사람의 길[도(道)]을 가는 것이요, 사람의 길을 닦는 것은 인(仁)으로써 해야 합니다.

哀公問政, 子曰, "文武之政, 布在方策. 其人存, 則其政擧, 其人亡,
애공문정, 자왈, "문무지정, 포재방책. 기인존, 즉기정거, 기인망,

則其政息. 人道敏政, 地道敏樹, 夫政也者, 蒲盧也. 故爲政在人, 取
즉기정식. 인도민정, 지도민수, 부정야자, 포로야. 고위정재인, 취

人以身, 脩身以道, 脩道以仁.
인이신, 수신이도, 수도이인.

인(仁)이란 사람 그 자체이니 어버이를 친히 함이 중요한 것이며, 의(義)란 마땅함이니 어진 이를 높임이 중요한 것입니다. 친한 이를 친하게 대함의 차등과 어진 이를 높임에 등급을 두는 것에서 예(禮)가 나오는 것입니다. 따라서 군자는 몸을 닦지 않을 수 없는 것이며, 몸 닦을 것을 생각하면 어버이를 섬기지 않을 수 없는 것입니다. 어버이 섬김을 생각하면 사람을 알지 않을 수 없고, 사람 알 것을 생각하면 하늘을 알지 않을 수 없는 것입니다.

仁者人也, 親親爲大, 義者宜也, 尊賢爲大, 親親之殺, 尊賢之等, 禮
인자인야, 친친위대, 의자의야, 존현위대, 친친지쇄, 존현지등, 예

所生也. 故君子不可以不脩身, 思脩身, 不可以不事親, 思事親, 不可
소생야. 고군자불가이불수신, 사수신, 불가이불사친, 사사친, 불가

以不知人, 思知人, 不可以不知天.
이부지인, 사지인, 불가이부지천.

천하 사람들이 가게 되는 공통된 길이 다섯 가지가 있고, 그 길을 가도록 하는 것이 세 가지가 있습니다. 군신, 부자, 부부, 형제[곤제(昆弟)], 벗[붕우(朋友)]과 사귐의 다섯 가지가 사람들이 가게 되는 공통된 길입니다. 지(知), 인(仁), 용(勇) 세 가지는 천하 사람들이 이루어야 하는 덕(德)입니다. 그러나 그것을 행하는 것은 '하나' 입니다. 누구는

태어나면서 이것을 알기도 하고, 누구는 배워서 이것을 알며, 누구는 많은 노력을 통해 이것을 알기도 하지만 그 앎에 이름은 똑같습니다. 누구는 쉽게 그것을 행하고, 누구는 이롭다고 여겨 그것을 행하고, 누구는 힘든 노력을 통해 그것을 행하기도 하지만 그 성공에 이름은 똑같습니다." (공자께서 말씀하셨다.) "배우기를 좋아하면 지(知)에 가까워지고, 힘써 행하면 인(仁)에 가까워지며, 부끄러움을 알아 가면 용(勇)에 가까워집니다. 이 세 가지를 알면 몸 닦는 길을 알 것이요, 몸 닦는 길을 알면 사람 다스리는 방도를 알 것이고, 사람 다스리는 방도를 알면 천하국가를 다스리는 방법을 알게 될 것입니다."

天下之達道五, 所以行之者三. 曰君臣也, 父子也, 夫婦也, 昆弟也,
천하지달도오, 소이행지자삼. 왈군신야, 부자야, 부부야, 곤제야,

朋友之交也. 五者天下之達道也, 知 仁 勇三者, 天下之達德也, 所
붕우지교야. 오자천하지달도야, 지 인 용삼자, 천하지달덕야, 소

以行之者一也. 或生而知之, 或學而知之, 或困而知之, 及其知之一
이행지자일야. 혹생이지지, 혹학이지지, 혹곤이지지, 급기지지일

也. 或安而行之, 或利而行之, 或勉强而行之, 及其成功一也."
야. 혹안이행지, 혹이이행지, 혹면강이행지, 급기성공일야."

(子曰,) "好學近乎知, 力行近乎仁, 知恥近乎勇. 知斯三者, 則知所
(자왈,) "호학근호지, 역행근호인, 지치근호용. 지사삼자, 즉지소

以脩身, 知所以脩身, 則知所以治人, 知所以治人, 則知所以治天下
이수신, 지소이수신, 즉지소이치인, 지소이치인, 즉지소이치천하

國家矣."
국가의."

천하국가를 다스리는 아홉 가지 방법[구경(九經)]이 있으니, 자신의 몸 닦음[수신(修身)], 어진 이를 높임[존현(尊賢)], 어버이 및 친척을 친하게 대함[친친(親親)], 지위 높은 신하들을 공경해 줌[경대신(敬大臣)], 뭇 신하들의 입장을 잘 이해함[체군신(體群臣)], 백성들을 자식 대하듯 사랑함[자서민(子庶民)], 기능인들을 적절하게 대우하여 모여들게 함[래백공(來百工)], 먼 곳에 사는 사람을 잘 대해 주며[유원인(柔遠人)], 모든 제후들을 끌어안음[회제후(懷諸侯)]이다. 몸이 닦이면 길[도(道)]이 이루어지고, 어진 이를 높이면 의혹되는 것이 없다. 친척을 친하게 대하면 숙부 및 형제들의 원망이 없게 되고, 지위 높은 신하들을 공경하면 일에 막힘이 없게 된다. 뭇 신하들의 입장을 잘 이해하면 선비들이 예(禮)로 보답함이 무겁게 되며, 백성을 자식 대하듯 사랑하면 백성들이 근면해진다. 기능인들을 적절하게 대우하여 모여들게 하면 재물이 풍족해지고, 먼 곳에 사는 사람을 잘 대해 주면 사방이 모여들 것이며, 모든 제후들을 끌어안으면 천하가 두려워하게 된다. 몸과 옷을 깨끗하게 하여 잘 차려입고 예(禮)가 아니면 몸을 움직이지 않는 것이 몸을 닦는 것이다. 참소를 물리치고 색(色)을 멀리하며 재물을 낮게 보고 덕(德)을 귀하게 여김은 어진 이를 권면(勸勉)하는 것이다. 지위를 높여 주고 녹봉을 충분히 주며 좋아하고 싫어함을 함께함은 친척끼리 더욱 친할 것을 권면하는 것이다. 관속(官屬)을 풍족하게 하고 그들의 처분을 맡김은 지위 높은 신하를 권면하는 것이며, 믿음으로 대해 주고 녹봉을 충분히 줌은 실무를 맡은 신하[사(士)]들을 권면하는 것이다. 때를 가려서 부역을 시키고 세금을 적게 거둠은 백성을 권면하는 것이며, 기능의 증진 및 실적을 날로 살피고 달로 시험하여 녹봉을 그 정도에 알맞게 줌은 기능인을 권면하는 것이다. 가는 이를 잘 보내고 오는 이를 잘 맞으며 잘한 것은 칭찬하고 능하지 못한 이를 불쌍히 여김은 멀리 있는 사람을 잘 대해 주는 것이다. 끊어진 세대를 이어 주고 무너진 나라를 일으켜 주고 혼란을 다스려 위태로운 것을 잡아 주며 조빙(朝聘)을 때에 맞게 하여 가는 것은 후하게 하고 오는 것을 박하게 함은 제후를 품는 것이다. 천하국가를 다스리는 아홉 가지 방법이 있으나 그 행하는 것은 하나이다.

凡爲天下國家有九經, 曰 脩身也, 尊賢也, 親親也, 敬大臣也, 體群臣
범위천하국가유구경, 왈 수신야, 존현야, 친친야, 경대신야, 체군신

也, 子庶民也, 來百工也, 柔遠人也, 懷諸侯也. 脩身則道立, 尊賢則
야, 자서민야, 래백공야, 유원인야, 회제후야. 수신즉도립, 존현즉

不惑, 親親則諸父昆弟不怨, 敬大臣則不眩, 體群臣則士之報禮重,
불혹, 친친즉제부곤제불원, 경대신즉불현, 체군신즉사지보례중,

子庶民則百姓勸, 來百工則財用足, 柔遠人則四方歸之, 懷諸侯則天
자서민즉백성권, 래백공즉재용족, 유원인즉사방귀지, 회제후즉천

下畏之. 齊明盛服, 非禮不動, 所以脩身也, 去讒遠色, 賤貨而貴德,
하외지. 제명성복, 비례부동, 소이수신야, 거참원색, 천화이귀덕,

所以勸賢也, 尊其位, 重其祿, 同其好惡, 所以勸親親也, 官盛任使,
소이권현야, 존기위, 중기록, 동기호오, 소이권친친야, 관성임사,

所以勸大臣也, 忠信重祿, 所以勸士也, 時使薄斂, 所以勸百姓也, 日
소이권대신야, 충신중록, 소이권사야, 시사박렴, 소이권백성야, 일

省月試, 旣稟稱事, 所以勸百工也, 送往迎來, 嘉善而矜不能, 所以柔
성월시, 기름칭사, 소이권백공야, 송왕영래, 가선이긍불능, 소이유

遠人也, 繼絶世, 擧廢國, 治亂持危, 朝聘以時, 厚往而薄來, 所以懷
원인야, 계절세, 거폐국, 치란지위, 조빙이시, 후왕이박래, 소이회

諸侯也. 凡爲天下國家有九經, 所以行之者一也.
제후야. 범위천하국가유구경, 소이행지자일야.

모든 일은 평소에 정해 놓으면 이루어지고 평소에 정해 놓지 않으면 무너진다. 말을 미리 정하면 헛나오지 않으며, 일을 미리 정하면 곤란해지지 않으며, 행동을 미리 정하면 병폐가 없으며, 길을 미리 정하면 막힘이 없게 된다. 아래에 있으면서 위로부터 신임을 얻지 못하면 백성을 다스릴 수 없다. 위로부터 신임을 얻는 길이 있으니 벗들에게 믿음을 얻지 못하면 위로부터 신임을 얻지 못한다. 벗들에게 믿음을 얻는 길이 있으니 어버이를 따르지 않으면 벗들에게 믿음을 얻지 못한다. 어버이를 따르는 길이 있으니 자신의 몸을 돌이켜 진실[성(誠)]하지 않으면 어버이를 따르지 못한다. 몸을 진실하게 하는 길이 있으니 선(善)에 밝지 못하면 몸을 진실하게 하지 못한다.

凡事豫則立, 不豫則廢, 言前定則不跲, 事前定則不困, 行前定則不
범사예즉립, 불예즉폐, 언전정즉불겁, 사전정즉불곤, 행전정즉불

疚, 道前定則不窮. 在下位不獲乎上, 民不可得而治矣, 獲乎上有道,
구, 도전정즉불궁. 재하위불획호상, 민불가득이치의, 획호상유도,

不信乎朋友, 不獲乎上矣, 信乎朋友有道,不順乎親, 不信乎朋友矣,
불신호붕우, 불획호상의, 신호붕우유도,불순호친, 불신호붕우의,

順乎親有道, 反諸身不誠, 不順乎親矣, 誠身有道, 不明乎善, 不誠乎
순호친유도, 반저신불성, 불순호친의, 성신유도, 불명호선, 불성호

身矣.
신의.

진실[성(誠)], 그것은 하늘의 길이다. 진실하려 하는 것은 사람의 길이다. 진실 그 자체는 힘쓰지 않아도 딱 들어맞는 것이며 헤아리지 않고도 알아서 길에 들어맞으니 성인(聖人)이 그렇다. 진실하려 하는 것은 선(善)을 택하여 그것을 꽉 잡는 것이다. 이것을 널리 배우고, 이것을 자세하게 묻고, 이것을 신중하게 생각하고, 이것을 밝게 분별하고, 이것을 독실하게 행하여야 한다. 배우지 않음이 있을 수 있지만 그것을 배움에는 능하지 못하면 그만두지 말아야 한다. 묻지 않음이 있을 수 있지만 그것을 물음에는 알지 못하면 그만두지 말아야 한다. 생각하지 않음이 있을 수 있지만 그것을 생각함에는 알아내지 못하면 그만두지 말아야 한다. 분별하지 않음이 있을 수 있지만 그것을 분별함에 있어서는 분별하지 못하면 그만두지 말아야 한다. 행하지 않음이 있을 수 있겠지만 그것을 행하게 되면 독실하지 못하다면 그만두지 말아야 한다. 사람들이 한 번에 그것에 능하게 될 수 있다면 나는 그것을 백 번을 할 것이며, 사람들이 열 번에 그것에 능하게 될 수 있다면 나는 그것을 천 번을 해야 한다. 이런 길을 간다면 비록 어리

석을지라도 반드시 밝아질 것이며, 비록 유약할지라도 반드시 강해질 것이다.

誠者, 天之道也, 誠之者, 人之道也. 誠者不勉而中, 不思而得, 從容
성자, 천지도야, 성지자, 인지도야. 성자불면이중, 불사이득, 종용

中道, 聖人也. 誠之者, 擇善而固執之者也. 博學之, 審問之, 愼思之,
중도, 성인야. 성지자, 택선이고집지자야. 박학지, 심문지, 신사지,

明辨之, 篤行之. 有弗學, 學之弗能弗措也, 有弗問, 問之弗知弗措也,
명변지, 독행지. 유불학, 학지불능불조야, 유불문, 문지부지불조야,

有弗思, 思之弗得弗措也, 有弗辨, 辨之弗明弗措也, 有弗行, 行之弗
유불사, 사지부득불조야, 유불변, 변지불명불조야, 유불행, 행지불

篤弗措也, 人一能之己百之, 人十能之己千之. 果能此道矣, 雖愚必
독불조야, 인일능지기백지, 인십능지기천지. 과능차도의, 수우필

明, 雖柔必强.
명, 수유필강.

■ 글자 풀이

방책(方策)

방(方)은 판판한 나무이고, 책(策)은 죽간이나 목간을 말합니다. 종이가 발명되기 이전에 문자를 썼던 공책 같은 것입니다.

부정야자, 포로야(夫政也者, 蒲盧也)

"무릇 정치라는 것은 잘 자라는 물풀과 같다."라로 해석합니다. 포로(蒲盧)는 갈대와 같이 잘 자라는 풀을 말합니다. 정책이나 제도가 받아들여지기 위해서는 지도자의 덕(德)이 전제되어야 합니다. 지도자의 덕은 바람과 같고 백성은 풀과 같습니다. 풀은 바람보다 먼저 바람에 반응합니다. 덕을 갖춘 지도자의 정치 행위는 곧바로 백성에게 전해지기에, 식물로 비유한다면 잘 자라는 갈대처럼 쑥쑥 자라게 합니다. 정책이 없어서 다스려지지 않는 것이 아닙니다. 정책보다 우선인 것은 덕의 갖춤인 것입니다.

친친지쇄, 존현지등(親親之殺, 尊賢之等)

이 구절은 친척을 대할 때는 멀고 가까움의 차이를 두어야 하고, 어진 이를 높이는 데 등급이 있어야 한다는 의미로 해석합니다. 친척은 친소(親疎)의 차이가 있고, 어진 이에게도 지위나 인격에 따라 높낮이의 차이가 있다는 것입니다.

친친(親親)은 가정의 일이고, 존현(尊賢)은 사회의 일입니다. 친친은 정감이고, 존현은 판단입니다. 판단은 구분이고 가름입니다. 그런데 정감은 구분이 아니라 합침입니다. 그래서 가족 구성원에게 정감의 차이를 두면 원망이 생길 것이고, 존현의 높낮이에 차이를 두지 않으면 사회적 혼란이 생길 것입니다. 그래서 이 구절을 친척을 친하게 함에는 차이를 두지 않고, 어진 이를 높임에 등급을 두는 것으로 새기기도 합니다.

달도(達道)

공통된 길이라고 새겼습니다. 그 길은 인간관계를 말합니다. 군신의 사회적 관계는 윗사람과 아랫사람으로 바꾸어 이해하면 됩니다. 그리고 부자(父子), 형제[곤제(昆弟)]는 혈연적 관계이고, 부부(夫婦)와 붕우(朋友)는 정감의 관계입니다. 부자 · 형제 · 부부는 가정 공간에서의 관계이고, 군신 · 붕우는 사회 공간에서의 관계입니다. 어느 누구도 이 관계에서 벗어나 있지 않습니다.

달덕(達德)

공통으로 이루어야 하는 덕이라고 새겼습니다. 달덕은 달도를 바르게 할 수 있는 근거입니다. 지인용(智仁勇)이 달덕입니다. 그런데 지와 행에 있어서 수준과 등급의 차이가 있습니다. 나면서부터 알고 저절로 편하게 행하는 수준[생지안행(生知安行)], 배워서 알고 이롭다고 여겨 행하는 수준[학지이행(學知利行)], 많이 노력해서 알고 힘든 노력을 통해 행하는 수준[곤지면강행(困知勉强行)]이 그것입니다. 그러나 이것은 지행의 과정이지 결과는 아닙니다. 과정의 수준은 다를 수 있지만 도달점의 경지는 같습니다. 그러니 그런 과정에서 노력하고 있다는 것이 중요한 것이지, 도달점이 다를 것이라는 걱정은 필요 없습니다. 그 걱정 때문에 과정 자체를 포기하는 것이 문제인 것입니다.

호학근호지, 역행근호인, 지치근호용(好學近乎知, 力行近乎仁, 知恥近乎勇)

일반적으로는 '학문을 좋아함은 지(知)에 가깝고, 힘써 행하면 인(仁)에 가깝고, 부끄러움을 앎은 용(勇)에 가깝다'고 해석합니다. 그런데 근(近)을 좀 더 생동감 있고 능동적으로 표현하고자 '배우기를 좋아하면 인(仁)에 가까워지고, 힘써 행하면 인(仁)에 가까워지며, 부끄러움을 알아 가면 용(勇)에 가까워진다'고 해석했습니다.

체군신(體群臣)

왕 자신이 그 자리에 있다고 가정하여 신하의 마음을 살펴보는 것입니다.

제명성복(齊明盛服)

옷을 단정하게 추스르고, 몸을 깨끗하게 하고 잘 차려입는 것을 말합니다. 옷과 몸을 깨끗하게 하고, 직위와 상황에 걸맞는 옷을 차려입는 것도 수신(修身)의 하나입니다.

관성임사(官盛任使)

높은 직위가 되면 처리할 일이 많을 것이기 때문에, 그 일을 잘 처리하게 하기 위해 인적 지원을 충분히 해 주고 일을 처리함에 자율권을 주는 것을 말합니다.

조빙(朝聘)

조회(朝會)와 빙문(聘問)입니다. 조회는 제후가 천자를 직접 뵙는 것이고, 빙문은 제후가 대부를 통해 예물을 천자에게 바치는 것입니다. 매년 작은 빙문을 하고, 3년에 한 번 큰 빙문을, 5년에 한 번 조회를 합니다.

범사예즉립(凡事豫則立)

모든 일은 평소에 미리 정해 놓으면 이루어진다는 뜻입니다. 예(豫)는 일을 닥쳐서 하는 것이 아니라 평소에 늘 준비하는 것을 말합니다. '모든 일[범사(凡事)]'을 오므리면 말[언(言)]·일[사(事)]·실행[행(行)]·길[도(道)]의 네 가지입니다.

재하위불획호상, 민불가득이치의(在下位不獲乎上, 民不可得而治矣)

이 구절을 아랫자리에 있는 사람, 하급 관리가 갖추어야 할 것으로 해석하는 것이 일반적입니다. 그런데 여기서는 모든 인간에게 적용되는 것으로 해석했습니다. 현실의 인간 사회에서 지상(至上)의 자리는 없기 때문입니다. 누구나 위이면서 동시에 아래에 있습니다. 하급 관리에게는 상급자가 있을 것이지만, 상급자에게는 더 상급자가 있습니다. 그리고 천자도 지상(至上)의 존재가 아닙니다. 천자는 하늘 아래에 있습니다. 그리고 하늘은 백성을 통해 뜻을 전합니다. 그러니 천자는 백성으로부터 신망을 얻어야 하는 것입니다.

■ 풀어 보기

한 권의 정치 개론서에 필적할 만한 글입니다. 그러나 단순히 통치의 방법을 담고 있는 것이 아니라 우주적 질서부터 인간의 세상, 가정 및 자신(인간의 보편성)을 관통하는 원리를 함께 말하고 있는, 웅장하면서도 자세한 안내장입니다. 워낙 많은 주제를 담고 있는 장(章)이어서 대략적 흐름을 현대적으로 풀어 보기로 하겠습니다. 세세한 주제들에 대해서는 글자 풀이를 참고하기 바랍니다. 이 20장은 공자의 말을 모아 놓았는데, 그 효과는 12장의 주장을 증명하는 역할을 하고 있습니다.

정치의 요체

공자가 말하는 정치의 요체는 '사람'입니다. 정책이나 제도의 문제가 아니라는 것입니다. 여기서의 사람은 타인이 아니라 자신입니다. 정책을 시행하는 것은 타인이지만, 그 타인을 얻는 표준은 자신에게 있습니다. 그래서 정책을 펴는 것이 정치의 핵심이 아니라 자신을 돌아보는 수신(修身)이 정치의 핵심이 되는 것입니다.

수신은 사친[사친(事親)-효]을 하지 않을 수 없게 하고, 효는 사람의 본성으로부터 나오는 것이기에 사람을 알지 않을 수 없게 하고, 본성은 하늘로부터 오기에 하늘을 알지 않을 수 없게 하는 것입니다. 정치는 수신 → 사친 → 지인(知人)의 실현에 그치는 것이 아니고, 그 형이상적 근거인 지천(知天)에까지 이르는 과정입니다. 수신 → 사친 → 지인(知人)은 정치의 현상이고 지천(知天)은 그런 현상의 근거입니다. 그런데 그

천(天)은 고고(孤高)하고 엄숙한 하늘이 아니라 1장에서 언급된 천명(天命)의 하늘입니다. 천명이 내게 성(性)으로 들어오는 것이니 수신 → 사친 → 지인(知人) → 지천(知天)은 수신 → 사친 → 지인(知人) → 지천(知天) → 수신의 순환 구조가 됩니다.

실현 방법

실현 방법에 대해 공자는 호학(好學) · 역행(力行) · 지치(知恥)를 말합니다. 오므리면 지행(知行)의 문제가 됩니다. 무엇을 알고 무엇을 행해야 하느냐는 이미 주어져 있습니다. 정치는 사람의 문제라고 했으니 사람 사이의 관계를 바로잡는 것입니다. 군신[현대적으로 이해하면 윗사람과 아랫사람], 부자, 부부, 형제, 벗이라는 관계를 갖지 않는 사람은 없습니다. 그 관계를 알고 그 관계를 바르게 맺는 것, 그것이 바로 정치라는 것입니다. 그 관계의 출발은 나인데, 관계를 바르게 하는 것 또한 나입니다. 그래서 치인은 수신으로부터 오는 것입니다.

여러 가지 정책

다음으로 치인(治人)을 펼칠 수 있는 정책[이 또한 구체적 정책으로 보기보다는 정책의 원리로 이해하는 것이 좋습니다.]을 아홉 가지로 요약하여 제시하고 있는데 그것이 바로 구경(九經)입니다. 구경의 첫째는 역시 자신의 몸을 닦는 것, 곧 수신입니다. 그로부터 가정, 조정, 백성, 외지인 그리고 다른 나라(제후)와의 관계로 확대되고 있습니다. 수신 → 제가 → 치국 → 평천하의 순서를 구체화시킨 것이죠. 그런데 수신

다음에 가정에 해당하는 친친(親親)이 먼저 나오는 것이 아니고 존현(尊賢)이 먼저 제시되고 있습니다. 친친은 사적이고 혈연적 공동체에서의 문제임에 비해 존현은 공적이고 사회적 공동체에서의 문제입니다. 정치에 관한 것이기 때문에 사적이고 혈연적 공동체보다 공적인 사회적 공동체를 우선시한 것입니다.

자신으로 돌아옴

다스림의 방도를 펼치면 아홉 가지이지만 오므리면 하나가 됩니다. 아홉 가지 등의 모든 일은 일순간에 이루어지는 것이 아닙니다. 그래서 '미리 함-언제나 함'이 필요한 것입니다.

백성을 다스리기 위해서는 다스림의 자리와 기회를 얻어야 합니다. '미리 함-언제나 함'이 되어 있지 않으면 자리와 기회를 갖지 못합니다. '미리 함-언제나 함'은 선(善)에 밝음[명선(明善)] → 자신의 몸을 진실하게 함[성신(誠身)] → 어버이를 따름[순친(順親)] → 벗에게 믿음을 얻음[신붕우(信朋友)] → 위로부터 신임을 얻음[획상(獲上)]-백성을 다스릴 수 있게 됨[민치(民治)]의 전 과정을 말합니다. 명선(明善)으로부터 민치(民治)로 향하고 있지만, 명선(明善)은 앎[지(知)]에 관한 것이고 행(行)은 성신(誠身)으로부터 시작합니다. 그런데 성신(誠身)의 근거는 바로 하늘의 성(誠) 그 자체입니다. 자신을 진실하게 하는 것은 하늘의 진실을 나에게서 실현하는 것입니다.

진실과 진실하려 함

정치는 지극히 현세적이고 현상적인 것입니다. 그런데 그 근거됨은 하늘에 있습니다. 하늘은 진실[성(誠)] 그 자체입니다. 그런데 진실이 인간 세상에 펼쳐지는 것은 저절로 되는 것이 아니라 인간의 노력이 있어야 가능합니다. 그 노력이 정치이고, 노력의 근거가 진실하려 함[성지(誠之)]입니다. 진실은 진실하려 함을 통해 펼쳐지는 것이죠. 순임금과 같은 성인(聖人)쯤 되어야 지행(知行)이 그대로 성(誠)이 됩니다. 문왕으로부터 우리같이 성인(聖人)의 수준에 미치지 못한 사람들은 진실하려 함의 노력을 해야만 합니다. 그렇다고 슬퍼할 필요는 없습니다. 저절로 알고 쉽게 행하는 것이나, 노력해서 알고 행하는 것이나 그 앎과 행의 도달점은 질적 차이가 없기 때문입니다. 노력하는 길은 학문[박학심문(博學審問)]·사변[신사명변(愼思明辯)]의 지(知)와 독행(篤行)의 행(行)을 하는 데 있습니다. 그리고 남이 한 번 해야 한다면 나는 열 번을 하고, 남이 열 번 해야 한다면 나는 천 번을 할 것이라는 의지를 놓지 말아야 하는 것입니다.

■ 또 하나의 생각

그런 사람이 있으면 그런 정치가 이루어지고

'그런 사람[기인(其人)]'이 있을 때 '그런 정치[기정(其政)]'가 가능합니다. 정치는 정책과 제도를 통해 하는 것이 아니라 사람에 의해 실현됩니다. 『중용』에서 등장한 그런 사람을 보면 순임금, 안회, 자로, 문왕, 무왕, 주공, 공자 그리고 『중용』의 저자인 자사입니다.

『중용』에서 자사는 감독 겸 나레이터 역할을 하고 있습니다. 자사는 나레이션을 통해 자신의 주장을 얘기합니다. 그리고 공자를 인터뷰하여 자신의 주장에 대한 이론적 근거를 확보합니다. 거기에다가 순임금 · 문왕 · 무왕 · 주공의 사실(事實)을 들어 자신의 주장을 실증하는 다큐멘터리의 구성으로 볼 수도 있습니다.

등장인물의 각 캐릭터는 다음과 같습니다. 순임금은 참된 지혜[대지(大知)]와 참된 효[대효(大孝)]를 갖춘 성인(聖人)의 격을 갖춘 인물입니다. 문왕은 근심이 없는 인물, 무왕은 어쩔 수 없기는 하지만 무력을 통해 백성을 고난으로부터 구제한 인물이고, 주공은 조상의 덕을 예(禮)로 완성하고 모든 사람에게 통용시킨 인물입니다. 무왕과 주공은 누구에게나 효[달효(達孝)]라고 불리고 있습니다. 순임금 · 문왕 · 무왕은 통치자의 자리에 있었다는 공통점이 있습니다. 주공은 학자입니다. 그리고 이들 넷은 '효(孝)'라는 공통점을 갖고 있습니다. 안회는 중용을 선택하여 잃지 않으려고 부단히 노력하는 인물이고, 자로는 용맹한 인물입니다. 그리고 『중용』의 맥락을 잘 읽어 내면 자사는 공자를 성인(聖人)의 반열에 올려놓고 있습니다.

"그런 사람이 있으면 그런 정치가 이루어진다."는 것을 참으로 받아들인다면, 각 등장인물이 통치자일 때 어떤 정치가 이루어질지 상상이 가능합니다.

순임금이 통치자라면 백성들은 아주 든든한 지원자, 확실하게 기댈

언덕을 갖고 있는 행복한 태평성대를 살 것입니다. 참된 효로 부모를 섬기는 사람은 백성을 자식처럼 돌볼 것이기 때문입니다.

문왕이 통치자라면 백성들은 안정된 태평성대일 것입니다. 문왕은 덕(德)을 쌓아 왔던 부모(조상)와 슬기로운 자녀(후손)를 두었기에 온화하게 백성을 돌볼 것이기 때문입니다.

무왕이 통치자라면 백성들은 재생의 삶을 살게 될 것입니다. 폭군의 억압에 시달리며 죽음의 문턱에서 헤매고 있을 때 폭군을 몰아내 주었기 때문입니다.

주공이 통치자의 자리에 있게 된다면 백성들은 질서 있는 삶을 살게 될 것입니다. 주공은 예(禮)의 의미가 담긴 제도를 모든 백성에게 골고루 시행케 할 것이기 때문입니다.

안회가 통치자의 자리에 있게 된다면 백성들은 안분 자족의 삶을 살게 될 것입니다. 안회는 선(善) 하나를 잡아도 그것을 잃지 않으려고 노력할 것이기 때문입니다.

자로가 통치자의 자리에 있게 된다면 백성들은 의로운 삶을 살게 될 것이다. 자로는 지나칠 만큼 용맹한 사람이기 때문입니다.

내가(백성) 어떤 삶을 살게 될 것인지는 지도자를 보면 알 수 있습니다. 지도자가 맹목적 부지런함을 자랑한다면 백성들은 잠이 모자라는 삶을 살게 될 것입니다. 쿠데타를 피할 수 없었던 역사적 흐름으로 보는 지도자라면 부당한 방법으로 일을 처리하는 삶을 살게 될 것입니다. 지도자는 정책으로 뽑을 것이 아닙니다. 지도자 자체를 보고 뽑아야 합니다. 정책은 지도자를 담고 있는 그릇이지 지도자가 아닌 것입니다.

■ 한숨 돌리기 2 ■

또 한 고개를 넘었습니다. 매우 큰 고개였습니다. 12장부터 20장까지가 하나의 범주로 묶여질 수 있습니다.

1장은 『중용』 전체의 대전제이고, 12장은 2부의 대전제입니다. 2장~11장을 수신(修身)으로 읽을 수 있고, 13장~20장은 치인(治人)이라고 할 수 있습니다. 치인을 조금 더 세분하면 13~19장은 제가(齊家)에 해당하고, 20장은 치국평천하(治國平天下)가 됩니다.

1부의 서술 방식과 마찬가지로 2부의 서술 방식도 자사 자신의 주장을 먼저 제시하고 공자 또는 『시경(詩經)』을 인용하여 자신의 주장에 대한 타당성을 확보하고 있습니다. 1부는 1장에서 자사 자신의 주장을 펼치고 나머지 2장~11장까지 모두 공자의 말을 그대로 인용했습니다. 그런데 2부에서는 12장에서 자사 자신의 주장을 펼치고, 또 각 장에서도 자신의 주장을 제시하고 공자나 『시경』의 말로 정당화하고 있습니다. 즉 1부가 주장-정당화의 단순 구조라면, 2부는 주장-정당화의 큰 구조 안에서 주장-정당화가 거듭되는 입체적 구조입니다.

12장은 도(道)의 광대함과 은미함을 얘기하고 있습니다. 그것을 자연세계와 인문 세계의 배태(胚胎)인 '부부'를 들어 설명하고 있습니다. 13장은 도(道)가 사람을 떠나 있지 않다는 것을 얘기합니다. 사람이 가야 할 길은 사람 자신에게 있음을 강조합니다. 자신을 돌아봄은 사람 사이[간(間)]를 통해서 가능합니다. 그래서 사람 사이에서 자신의 위치를 알고 그 위치에 맞는 길을 갈 것을 얘기하는 것이 14장입니다. 자신의 위치 가운데 가장 근원적인 위치는 부모-자녀의 사이입니다. 그래서 부모-자녀의 연속성 · 지속성, 곧 효(孝)와 제사를 역사적으로 실증하고 있는 것이 15장~19장입니다. 그리고 자신을 돌아봄이 사적 공간인 가정을 넘어 공적 사회로 확장되는, 거꾸로 얘기하면 공적 사회의 원리도 자신의 진실로부터 시작된다는 것을 강조하는 것으로 마무리하는 것이 20장입니다. 특히 20장에서 제시된 진실[성(誠)]은 1, 2부와 3부[21장~32장]를 이어 주는 역할을 합니다. 1, 2부가 역사적 현실 세계에 대한 얘기라면 3부는 자연 세계 및 바람직한 인문 세계에 대한 얘기입니다. 인문 세계와 자연 세계를 관류하는, 관류해야만 하는 것이 바로 진실[성(誠)]이라는 것입니다.

자 그럼, 진실의 펼침으로 이루어진 자연 세계와 진실로 펼쳐져야 할 인문 세계로 들어가 보기로 합시다.

3부

하늘, 땅과 더불어 창조에 참여하기

21장

되어 가는 존재

진실 자체로부터 밝아짐을 일러 성(性)이라 하고, 선(善)에 대해 밝게 아는 것으로부터 진실해지는 것을 교(敎)라고 한다. 진실이 곧 밝음이고 밝아짐이 곧 진실이다.

自誠明, 謂之性, 自明誠, 謂之敎, 誠則明矣, 明則誠矣.
자성명, 위지성, 자명성, 위지교, 성즉명의, 명즉성의.

■ 글자 풀이

성(誠)

진실, 성실, 참 등의 뜻이 있습니다. 어느 것으로 보아도 좋습니다. 여기서도 그 뜻을 모두 갖고 있는 것으로 보았지만 번역할 때는 진실이라고 했습니다.

명(明)

밝음, 밝아짐의 뜻입니다. 20장에 나오는 '불명호선 불성호신의(不明乎善, 不誠乎身矣)'라고 할 때의 명(明)입니다. 즉 선에 밝음을 말합니다.

성즉명의, 명즉성의(誠則明矣, 明則誠矣)

진실은 곧 밝음이고, 밝아지면 진실해진다고 해석합니다. 성즉명(誠則明)은 성자(誠者)에 해당하고, 명즉성(明則誠)은 성지자(誠之者)에 해당합니다. 성(誠)은 성지(誠之)를 통해 인문 세계에서 실현됩니다. 하늘은 인간의 존재 근거이지만 인간에 의해서만 성(誠)이 실현됩니다. 하늘은 모든 존재의 근거이지만 인문 세계를 만들지는 못합니다. 인문 세계는 인간에 의해서만 만들어집니다.

■ 풀어 보기

여기서부터 『중용』은 새롭게 시작됩니다. 21장은 1장에서 나온 성(性), 교(敎)가 다시 반복되고 있습니다. 1장의 '천명지위성(天命之謂性), 수도지위교(修道之謂敎)'가 하늘의 관점에서 존재의 기원을 설명하는 느낌이라면, 이곳의 '자성명, 위지성, 자명성, 위지교(自誠明, 謂之性, 自明誠, 謂之敎)'는 현실의 존재가 하늘과 합치하려는 생생함이 느껴집니다.

또한 1부와 2부가 주로 역사와 현실 속의 도(道), 곧 군자의 도(道)를 말하고 있다면, 이곳 3부는 역사와 현실 속의 도가 존재의 근원과 합치된 천인합일(天人合一)의 이상(理想)이 실현된 성(聖)의 도(道)를 말하고 있습니다.

하늘과 인간의 관계는 '진실[성(誠)]'과 '진실하려고 함[성지(誠之)]'의 관계입니다. 성(誠)은 존재 근거와 존재자(인간)를 하나로 묶어 냅니다. 존재 근거는 성(誠)의 상태로 있을 뿐이지만 존재자인 인간은 '가야만[지(之)]' 합니다. 성(誠) 그 자체는 작위 없이 그대로 밝음[명(明)]이지만, 존재자인 인간은 밝음을 통해 성(誠)으로 가야 합니다.

작위 없이 그 자체로 밝은 것이 바로 성(性)입니다. 그리고 밝음을 통해 성(誠)으로 가는 것이 교(敎)입니다. 성(性)이 주어짐이라면 교(敎)는 만들어 감입니다. 그리고 주어짐과 만들어 감이 하나 됨이 성(聖)입니다. 3부 전체의 지향점은 주어짐과 만들어 감의 일치, 곧 성(聖)에 있습니다.

■ 또 하나의 생각

하여 감[지(之)]

지(之)는 대명사도 되고, 조사도 되고, 동사도 됩니다. 동사로 읽을 때는 '가다'의 뜻이 됩니다. '가다'는 완료형이 아니라 진행형입니다. 성(誠)에 지(之)가 붙은 성지(誠之)도 진행형입니다. 성(誠)과 성지(誠之)를 다음과 같이 비교할 수 있습니다.

성(誠): 만들어 짐, 주어짐, 완료, 자연 세계, 존재의 근거, 성인(聖人), 완전, 자명성(自誠明)

성지(誠之): 만들어 감, 진행, 인문 세계, 존재의 의미의 근거, 군자(君子), 완전으로 향해 감, 자명성(自明誠)

정확한 대비는 아니겠으나 대략적인 대비는 될 듯합니다. 물론 성(誠)은 모범이고 표준이며, 성지(誠之)는 그것과 합치하려는 것입니다. 명(命)을 하늘과 인간의 소통이라고 본 것처럼, 성(誠)과 성지(誠之)는 상호성도 있습니다. 여기서 중요하게 볼 것은 바로 성(誠)하려고 함, 곧 지(之)입니다.

인간은 존재적 측면에서는 주어진다고 할 수 있습니다. 그리고 그 주어짐 자체는 수동적일 수밖에 없습니다. 그렇지만 인간은 인간으로 되어 가는 유일한 존재이기도 합니다. 신(神)은 신이 되어 갈 수 없습니다. 신이 되어 간다고 하면 이미 신(神)일 수 없습니다. 동물도 동물이 되어 갈 수 없습니다. 동물은 존재의 완성태로 주어지기 때문입니다.

인간은 완성태로 주어지지 않습니다. 미완의 상태로 태어납니다. 그렇지만 한편으로는 완성의 성(性)을 가지고 나오기도 합니다. 성(性)이 없다면 인간으로 되어 갈 뿌리가 없는 것과 같습니다. 그렇다고 해서 뿌리가 곧 열매는 아닙니다. 그래서 열매화의 과정이 필요하게 됩니다.

그런데 열매 맺음이 인간이 됨일까, 열매를 맺어 가는 과정이 인간이 됨일까요? 열매 맺음을 성(聖)이라고 합니다. 그런데 성(聖)에 이르러야만 인간이라고 한다면, 성(聖)이 되지 못한 모든 인간은 인간이 되지 못한 존재가 되어야 합니다. 성(聖)도 열매를 맺어 가는 과정 없이 도달하지는 못합니다. 그렇게 보면 '인간됨'은 '인간이 되어 감'과 다른 말이 아닙니다. 인간의 인간다움은 인간이 되어 감 그 자체에 있습니다. 인간이 되어 감이 성지(誠之)이고, 성지(誠之)는 자신의 성(性)을 돌이켜 자신을 진실하게 하는 것입니다.

진실하려고 함, 그것이 인간이 되어 감이고 인간이 되어 감이 바로 인간의 본질인 것입니다.

22장

하늘, 땅과 더불어 창조에 참여하기

오직 세상의 지극한 진실을 구현한 사람이라야 자신의 성(性)을 다할 수 있다. 자신의 성(性)을 다하면 사람의 보편적 성(性)을 다할 수 있다. 사람의 보편적 성(性)을 다하면 만물의 성(性)도 다할 수 있다. 만물의 성(性)을 다하면 천지(天地)가 만물을 낳고 기르는 것에 동참할 수 있다. 천지가 만물을 낳고 기르는 데 동참하면 천지와 더불어 셋이 된다.

唯天下至誠, 爲能盡其性, 能盡其性, 則能盡人之性. 能盡人之性, 則
유천하지성, 위능진기성, 능진기성, 즉능진인지성. 능진인지성, 즉

能盡物之性, 能盡物之性, 則可以贊天地之化育, 可以贊天地之化育,
능진물지성, 능진물지성, 즉가이찬천지지화육, 가이찬천지지화육,

則可以與天地參矣.
즉가이여천지삼의.

■ 글자 풀이

찬(贊)

돕다는 뜻입니다. 자연 세계의 창조는 하늘의 몫입니다. 인간이 그 몫을 대신할 수는 없습니다. 그렇다고 해서 하늘이 인간의 일까지 하는 것은 아닙니다. 정확하게 말하면 하늘은 인간의 일을 하지 못합니다. 햇빛과 비를 주는 것은 하늘의 일이지만, 그 햇빛과 비를 가지고 벼를 재배하는 것은 인간의 일입니다.

하늘은 하늘의 일이 있고, 인간은 인간의 일이 있습니다. 인간의 일은 문명 세계를 만드는 것입니다. 문명 세계는 자연 세계 위에 혹은 속에서 구성됩니다. 그런 면에서 하늘을 벗어날 수는 없습니다. 그렇지만 하늘이 문명 세계를 만드는 것이 아닙니다. 그래서 인간이 천지의 화육에 동참하는 창조자의 위치가 될 수 있는 것입니다. 자연 세계는 천(天)·지(地)의 두 기둥으로 지어진 집이고, 인문 세계는 천(天)· 인(人)·지(地)의 구조로 지어진 집인 것입니다.

■ 풀어 보기

이것은 앞 장의 '자성명, 위지성(自誠明, 謂之性)-성(誠)'에 대한 논증이라고 하겠습니다. 존재 원리인 성(誠)을 이미 자신에게 구현한 성인(聖人)의 수준에서 말해지고 있습니다.

성인(聖人)의 수준은 창조자의 반열입니다. 천지가 자연 세계의 만물을 낳고 기른다[화육(化育)]면, 성인은 인간 세계의 문화를 낳고 기릅니다. 자연 세계이든 인간 세계이든 창조의 힘은 성(誠)에 있습니다. 자연의 성(誠)은 존재 원리로서 그렇게 있는 것이고, 인간 세계[천하(天下)]의 성(誠)은 존재와 가치의 통합체로서 지향되어야 할 것입니다. 성인(聖人)은 이미 그것을 통합했기에 문명을 만들고 가꾸어 가는 창조자의 위치인 것입니다.

누구도 그런 자리에 있지 못할 것이라고 볼 수도 있지만, 그런 창조자의 자리까지 인간은 갈 수 있다는 가능성이 제시되어 있다는 것이 더 중요합니다. 인간의 가치를 이렇게 높게 평가하고 있는 어떤 철학이나 종교도 많지 않은 것 같습니다. 수운 최제우가 인내천(人乃天)을 천명한 것도 그런 연장선으로 볼 수도 있지만, 인간을 능동적 창조자의 반열로 보지는 않았습니다. 지성(至誠)은 이루어질 수 없다고 볼 수도 있으면서 동시에 지금 이 자리에서 이루어지고 있다고 볼 수도 있습니다. 성(誠)의 자연 속에 있는 나를 보면, 나는 이미 천지화육에 참여하고 있다고 할 수도 있습니다. 한 송이 꽃도 천지화육 속에 있는 것이니까요.

> 숨은 듯, 드러내는 듯 수줍게 진달래가 피고 있습니다.
> 분홍 꽃잎이 바람을 타고 하늘하늘 춤을 춥니다.
> 그 진달래가 봄이 왔음을 알려 줍니다.
> 진달래는 봄입니다.

진달래가 봄이 되기 위해, 산을 쓸어내리는 홍수와 살을 에이는 눈보

라가 있었습니다. 몸을 오그리는 따가운 볕과 산들바람이 있었습니다. 강남을 다녀온 제비와 꿀을 찾아 앵앵거리는 벌이 있었습니다. 그리고도 셀 수 없이 많은 것들이 있었습니다.

자연의 세계도 그러할진대 인간 세계 또한 쉼 없는 되어 감의 연속입니다. 되어 감이 진행형인 것처럼 지금 이곳의 나가 되어 감의 주체적 존재로 우뚝 솟아 있다면, 그것이 이미 천지화육에 능동적으로 참여하고 있다고 볼 수 있는 것입니다.

■ 또 하나의 생각

세상 창조하기 – 능진기성(能盡其性)

자신의 성(性) · 사람의 성(性) · 만물의 성(性)이 있습니다. 모두 성(性)입니다. 그 성(性)은 하늘로부터 주어집니다. 그래서 천명지위성(天命之謂性)입니다. 성(性)에는 하늘이라는 공통점이 있습니다. 바로 존재 근거로서의 하늘인데, 그 하늘은 쉼 없이 창조하는 생생함이라고 할 수 있습니다. 어느 순간에 세계가 창조되어 그 상태로 시간을 지나온 것이 아니라 태초의 시간부터 지금까지 창조는 계속되고 있는 것이며, 그 계속되는 창조의 힘이 바로 성(誠)인 것입니다.

존재의 순서에서 보면 '하늘 → 만물 → 사람 → 나'가 됩니다. 그런데 성(誠)의 실현 곧 성지(誠之)의 측면에서 보면 '나 → 사람 → 만물 → 하늘'이 됩니다. '하늘 → 만물 → 사람 → 나'는 성(性)의 주어짐이고,

'나 → 사람 → 만물 → 하늘'은 성(性)의 실현 과정입니다.

'성(性)을 다함[능진기성(能盡其性)]'은 1장에서 말한 '솔성지위도(率性之謂道)'와 다르지 않습니다. 성(性)을 다하는 것은 '성(性)을 따르는 것[솔성(率性)]'입니다. 그런데 나의 성(性)·사람의 성(性)·만물의 성(性)이 하나로 될 수 있는 것은, '나-사람-만물'을 관통하는 것이 있다는 것인데, 그 관통되는 것이 바로 성(誠)입니다. 그러니 성(性)을 다한다 함은 성지(誠之)와 같은 의미가 됩니다.

성지(誠之)가 성(性)의 실현이고, 성지(誠之)를 통해 나의 몸을 진실되게 하면[성신(誠身)] 부모를 잘 따르게 되고[순친(順親)], 벗에게 믿음을 얻으며[신붕우(信朋友)], 윗사람에게 신망을 얻게 되는데[획호상(獲乎上)] 그것이 바로 사람의 성(性)을 다함입니다.

그리고 윗사람에게 신망을 얻으려면 모든 일을 미리[늘, 언제나] 정해 놓고 있어야 합니다. 즉 말[언(言)]·일[사(事)]·행동[행(行)]을 미리 정하는 것이 만물의 성(性)을 다하는 것입니다. 말과 일과 행동은 자연 세계의 것이 아니라 인문 세계의 것입니다. 그러니 말·일·행동을 미리 정하는 것은 문명을 만들고 구성하는 것입니다. 그리되면 천지와 더불어 나란히 창조 작업에 동참하는 능동적 창조자가 된 것입니다.

우리는 피조물이 아니라 창조자입니다. 자신을 만들고, 사람을 만들고, 문명을 만드는 창조자입니다. 만들어짐이 아니라 만들어 감을 통해서 말입니다.

23장

변하고, 화하기

성(聖)에 미치지 못한 자질이라고 해도, 부각되는 한쪽이 있을 것이니 그것을 극진하게 미루어 가야 한다. 한쪽을 극진히 미루어 가면 진실[성(誠)]이 있게 되고, 진실이 쌓이면 드러나게 된다. 드러나면 분명해지고, 분명하면 밝아진다. 밝으면 움직이게 되고, 움직임은 변(變)하게 되고, 변하면 화(化)한다. 오직 천하에 지극한 진실을 구현한 사람이라야 능히 화할 수 있다.

其次致曲, 曲能有誠, 誠則形, 形則著, 著則明, 明則動, 動則變, 變則
기차치곡, 곡능유성, 성즉형, 형즉저, 저즉명, 명즉동, 동즉변, 변즉

化, 唯天下至誠, 爲能化.
화, 유천하지성, 위능화

글자 풀이

치곡(致曲)

한쪽을 극진하게 미루어 나가는 것을 뜻합니다. 곡(曲)은 한쪽으로 치우친 면을 말합니다. 또는 사물의 구석이나 마디를 뜻하기도 합니다. 성인(聖人)이 성(性)의 온전한 구현체라면 일반인은 성(性)을 온전히 구현하지는 못한 상태입니다. 그렇다고 성(性)이 없는 것은 더욱 아닙니다. 내 안에 성(性)이 있기는 하되 그것이 온전히 실현되지 못한 것이죠. 그러나 그 성(性)의 실마리가 있기 마련이니 그 실마리를 잡아 끝까지 미루어 가는 것이 치곡(致曲)입니다.

형(形), 저(著), 명(明), 동(動), 변(變)

성지(誠之)의 과정이나 단계로 이해하면 됩니다. 성(性)의 실마리를 잡아 끝까지 미루어 가면 그 성(性)이 드러날 것이고, 드러나면 분명해지고, 분명해지면 선(善)에 대해 밝아질 것입니다. 선(善)에 대해 밝으면 자신 및 타인, 만물을 움직이게 할 것입니다. 느껴서 움직이면 변하게 되는데 변(變)은 변모되고 있는 상태를 말합니다. 저(著)는 두드러짐으로 보아도 되고, 동(動)은 느껴 움직임[감동(感動)]으로 읽어도 됩니다.

화(化)

성지(誠之)의 효용을 묘사하는 말입니다. 화(化)는 변(變)이 이루어진, 즉 변함이 완성되어 완전히 다른 것으로 된 것을 뜻합니다. 누구나 화(化)할 수 있으며 화(化)하면 지성(至誠), 즉 성(性)을 온전히 구현한 성인(聖人)과 다르지 않게 됩니다.

■ 풀어 보기

고도로 추상화되어 있고 상징화되어 있어 쉽게 이해되기 어렵습니다. 앞 장이 존재 원리인 성(誠)을 자신에게 구현한 성인(聖人) 수준의 얘기라면, 여기는 그에 미치지 못하는 다음 단계를 말하고 있습니다. 22장이 자성명(自誠明) · 천도(天道) · 성(誠)이라면 이곳은 자명성(自明性) · 인도(人道) · 성지(誠之)를 말하고 있는 것입니다. 그런데 성(誠)에 있어서는 같기 때문에 만물을 화(化)하는 것은 다르지 않습니다.

■ 또 하나의 생각

됨 – 화(化)

성지(誠之)의 지(之)가 진행형이라면 화(化)는 완성형입니다. 되어 가다[지(之)]가 되어 감이 이루어지면 됨[화(化)]인 것이죠. 여정 중에 있을 때는 변(變)이라고 합니다. '됨'은 여정의 끝입니다. 그런데 그 됨은 또 다른 됨으로 가는 출발점이기도 합니다. 이 세상이 어느 순간에 창조된 것이 아니라 매 순간이 창조의 과정인 것처럼 매 순간이 됨의 연속인 것이죠.

예를 들어 보도록 하겠습니다. 9살에서 10살이 되었다고 합시다. 9살과 10살 사이는 변(變)이지만, 10살이 되는 순간 10살에 도달하여 10살을 이루면 그것이 됨[화(化)]입니다. 그런데 그 순간 다시 11살로 되어 갑니다. 9살과 10살은 시간의 연속성에 있기도 하지만, 9살과 10살은 전혀 다른 존재이기도 합니다. '됨'은 한 존재가 다른 존재가 '됨'입니다.

자연 세계의 '됨'은 저절로 주어집니다. 성(誠) 자체이기 때문이죠. 그러나 인문 세계의 됨은 이루어야 합니다. 성지(誠之)가 요구되는 것입니다. 자연 세계의 '됨'은 존재가 됨이고, 인문 세계의 '됨'은 '사람이 됨'입니다. 사람됨은 주어지지 않고 이루어야 합니다. 성인(聖人)은 사람됨이 이미 완성된[생지안행(生知安行)] 사람이지만, 성인(聖人)이 아닌 우리는 이루어 가야[학지이행(學知利行) · 곤지면강행(困知勉强行)] 하는 것입니다.

24장

미래 내다보기

지극한 진실의 길을 가면 앞일을 미리 알 수 있다. 나라와 집안이 장차 흥하려 할 때는 반드시 좋은 조짐이 있기 마련이고, 나라와 집안이 장차 망하려 할 때는 반드시 괴이한 싹이 있기 마련이다. 그러한 조짐과 싹은 점복(占卜)에도 나타나고, 몸의 움직임에도 있다. 재앙과 복이 올 때 좋을 것인지를 반드시 먼저 알며, 좋지 않을 것도 반드시 먼저 안다. 그래서 지극한 진실의 길은 마치 신(神)과도 같다.

至誠之道, 可以前知. 國家將興, 必有禎祥, 國家將亡, 必有妖孽, 見乎蓍龜, 動乎四體. 禍福將至, 善, 必先知之, 不善, 必先知之, 故至誠如神.
지성지도, 가이전지. 국가장흥, 필유정상, 국가장망, 필유요얼, 현호시구, 동호사체. 화복장지, 선, 필선지지, 불선, 필선지지, 고지성여신.

■ 글자 풀이

정상(禎祥)

상서로움을 말합니다. 장차 복(福)이 올 조짐을 뜻합니다.

요얼(妖孽)

괴이한 재앙입니다. 장차 화(禍)를 불러 올 싹을 뜻합니다.

시구(蓍龜)

시초점과 거북점입니다. 시초점은 『주역(周易)』을 가지고 점을 치는 것이고, 구(龜)는 거북 등껍질로 점을 치는 것입니다.

동호사체(動乎四體)

몸의 움직임을 말합니다. 상서로운 조짐과 괴이한 재앙의 싹은 자연 현상일 경우가 많습니다. 그런데 인문 세계의 조짐은 그와 관련된 사람의 행동거지에 나타납니다. 아무리 미세한 마음의 조짐과 싹이라도 반드시 드러나기 마련이기 때문입니다.

■ 풀어 보기

지극한 진실의 길은 천도(天道)입니다. 천도는 성(誠) 자체입니다. 모든 것을 알지 못함이 없습니다. 모든 것은 시간의 순서대로 진행됩니다.

아니, 순서대로 진행되는 것을 시간이라고 합니다. 순서는 앞과 뒤[전후(前後)·선후(先後)]가 있습니다. 만물은 앞과 뒤로 이루어져 있습니다.

사건도 그러합니다. 뒤는 앞을 따라 나옵니다. 앞 없는 뒤는 없습니다. 앞 없이 뒤가 튀어나오지 않습니다. 그래서 뒤는 보이지 않지만 앞을 본다면 뒤를 알 수 있습니다. 좋은 조짐이 없이 흥하는 집이나 나라가 없고, 괴이한 싹들이 앞서지 않고 망하는 나라와 국가도 없습니다. 조짐과 싹은 점치는 것을 통해서도 나타나기도 하고, 행동거지에서도 드러나기 마련입니다. 그 조짐과 싹을 통해 좋은 것인지, 좋지 않을 것인지를 미리 알 수 있습니다. 오지 않은 것을 미리 알 수 있기 때문에 마치 신(神)과도 같다고 하는 것입니다.

■ 또 하나의 생각

미리 앎

내일은 아직 오지 않았지만 내일이 올 것을 이미 압니다. 봄에는 여름이 올 것을 알고, 가을이 올 것도 미리 압니다. 검은 구름이 몰려오면 비가 내릴 것을 알 수 있으며, 기온차가 많이 나면 단풍이 더 고울 것이라는 것도 압니다. 자연과학의 발전은 자연현상에 대해 미리 앎을 더욱 풍부하게 하고 있습니다. 더 먼 미래까지 범위를 넓히고 있고, 더 자세하게 내용을 세밀하고 정확하게 하고 있습니다. 자연과학은 과거를 바탕으로 현재를 분석하여 미래를 미리 아는 것입니다.

인문 세계의 사건도 시간의 연속에 있다는 면에서 자연현상과 같으나 과거 · 현재 · 미래에 대한 태도는 자연현상과 사뭇 다른 면이 있습니다. 인문 세계의 주체는 사람이고, 인문 세계의 사건은 사람에 의해 전개됩니다. 따라서 그 사건과 관련된 사람의 몸, 즉 행동거지를 통해 그 사건이 어떻게 될지 미리 알 수 있습니다.

행동거지는 의지의 표현이고, 의지는 마음의 싹이 움직인 것입니다. 그러니 사건과 관계된 사람의 마음의 싹이 어떠한지를 안다면 그 사건이 어떻게 될 것인지 미리 알 수 있습니다. 그런데 사람의 마음의 싹이 어떠한지를 알기 위해서는 그것을 살피는 자신의 마음에 비추어 봐야 합니다. 즉 살피고 있는 자신의 마음이 진실하지 못하다면 다른 이의 마음의 싹을 있는 그대로 보지 못합니다. 그래서 미리 앎도 결국은 진실[성(誠)]로 수렴되는 것입니다.

25장

자기를 이루고, 남도 이루어 주고

진실[성(誠)]은 자신을 이루어 가고, 길[도(道)]은 자신이 만들어 간다. 진실은 만물의 끝과 처음이니 진실이 아니라면 만물도 없다. 따라서 군자는 진실하려 함[성지(誠之)]을 귀하게 여긴다.

誠者自成也, 而道自道也. 誠者物之終始, 不誠無物. 是故君子誠之
성자자성야, 이도자도야. 성자물지종시, 불성무물. 시고군자성지

爲貴.
위귀.

진실은 자신을 이루는 것에 그치는 것이 아니라 만물도 이룬다. 자신을 이룸은 인(仁)이고, 만물을 이룸은 지(知)이다. 성(性)의 덕(德)은 안과 밖의 길이 합해진 것이다. 따라서 때에 맞게 행동하여 마땅하게 된다.

誠者非自成己而已也, 所以成物也. 成己, 仁也, 成物, 知也. 性之德
성자비자성기이이야, 소이성물야. 성기, 인야, 성물, 지야. 성지덕

也, 合外內之道也. 故時措之宜也.
야, 합내외지도야. 고시조지의야.

■ 글자 풀이

시조(時措)

때에 맞게 행동한다는 뜻입니다. 때에 맞추는 시중(時中)과 같은 의미입니다.

■ 풀어 보기

자연 세계의 성(誠)을 들어, 인문 세계의 성지(誠之)를 얘기하고 있습니다. 자연 세계는 스스로 만들어집니다. 외재적 원인에 의해 결과로 이루어진 것이 아닙니다. 그런 면에서 『중용』의 세계는 창조와 피조물의 구도가 아니라, 모든 존재가 스스로를 창조해 가는 과정의 지속이라고 할 수 있습니다. 마찬가지로 인간이 가야 할 길[도(道)] 또한 주어지는 것이 아니라, 스스로 만들어 가면서[수도(修道)] 자신이 가야 하는 길입니다.

자연의 만물은 성(誠)의 자성(自成)을 통해 이루어지기에, 성(誠)은 만물의 끝과 처음이요 알파요 오메가라고 할 수 있습니다. 성(誠)이 없다면 만물이 있을 수 없습니다. 그러니 인간이 '진실하려 함[성지(誠之)]'을 귀하게 여기지 않을 수 없는 것입니다. 인문 세계의 모든 일들도 성(誠)이 아니면 이루어질 수 없습니다. 일이 이루어진 듯해도 진실하지 못한 일이라면 진정한 '의미'를 갖지 못하는 것이죠.

성(誠)은 자신뿐만 아니라 만물을 이룹니다. 인문 세계도 마찬가지입니다. 인간은 자신이 길을 만들어 자신이 그 길을 갑니다. 그러면서도 그 길이 '길 됨'이 되어 다른 이도 자신의 길을 찾고 그 길을 가게 합니다. 내가 가는 길과 다른 이가 가는 길은 각자의 길이면서도 같은 길입니다. 길을 가고 있는 주체는 다르지만 그 주체들의 성(性)은 같기 때문입니다.

자신이 스스로를 이룸은 인(仁)의 감정을 발현하는 것이고, 남을 이룸은 나와 다른 이의 성(性)이 같음과 관계[자리]의 다름을 인식하는 지(知)를 통해 이루어집니다. 그런데 인(仁)과 지(知)는 모두 성(性)에 갖추어진 덕(德)입니다. 인(仁)이 내재적 감정이라면, 지(知)는 외물의 인식입니다. 내외가 합쳐져 있으니, 언제 어디서나 행동해도 모든 것이 마땅하게 되는 것입니다.

■ 또 하나의 생각

자유로운 인간 – 스스로 길을 만들어 그 길을 감[도자도(道自道)]

"인간은 자유롭도록 내던져진 존재이다."라는 실존철학의 명제는 자유가 인간의 운명임을 잘 파악하고 있습니다. 그런데 그 자유는 축복이기보다는 선택의 연속을 가져오는 저주라고 보고 있습니다. 그들이 말하는 선택은 사회 상황이 가져오는 압박에 대한 개인의 무력한 회피 혹은 책임짐입니다. 실존철학에서의 인간은 자신의 길을 만들어 가는 창조적 존재가 아니라, 하나의 상황을 빠져나오면 또 다른 상황 속에 빠져서 허우적거리는 슬픈 존재입니다.

『중용』에서의 인간도 자유로운 인간입니다. 그런데 인간으로 주어진 것이 아니라 인간 되어 감의 과정 속의 창조적 인간입니다. 인간 되어 감은 인간이 가야 할 길을 가는 것입니다. 목적지는 이미 정해져 있습니다. 그런데 그 목적지 또한 나의 밖에 있는 것이 아니라 내 안에 있습니다. 그러면 그 여정은 밖으로 가는 여정이 아니라 나의 내면으로 들어가 보는 여정입니다.

나의 내면에 들어가 만나게 되는 것은 나의 '나다움'이 되는 뿌리인 성(性)입니다. 성(性)으로부터 나는 내가 갈 길을 만들 수 있습니다. 그것이 바로 '솔성지위도(率性之謂道)'입니다. 즉 내가 가야 할 길의 목적지는 내게 있으며, 나에 의해 그 길이 만들어지는 것이며 그 길을 가는 것도 나인 것입니다. 그야말로 완전히 자유로운 인간인 것이죠. 그렇다고 실존철학적 슬픔과 고통이 있는 것이 아닙니다. 내가 되어 가고 있다는 기쁨이 있고, 나는 더욱 나답게 되어 가고 있는 성숙(成熟)의 행복이 있는 것입니다.

내 속의 성(性)은 바로 기쁨 · 성냄 · 슬픔 · 즐거움의 감정입니다. 기쁨 · 성냄 · 슬픔 · 즐거움의 감정은 관계를 통해 드러납니다. 그래서 관계 속의 나를 자리 지우는 것이 바로 나의 길입니다. 인간으로서 나의 길은 자녀의 길로부터 시작합니다. 부모에 대한 자녀로서 내가 갖고 있는 감정은 사랑[인(仁)]입니다. 그 사랑 때문에 우리는 효(孝)를 할 수 있습니다. 그런데 효는 저절로 주어지는 것이 아니고 효의 길을 가야 효가 됩니다. 그 길을 선택하는 것도 자신이고 그 길로 가는 것도 자신입니다. 그 길을 선택하고 그 길로 갈 때 인간이 되는 것입니다.

효의 길 외에도 인간관계만큼의 길이 있습니다. 그 길에서 어떤 길을 선택할 것인지도 자유이며, 그 길을 갈 것인지도 자유입니다. 그러나 그 선택과 감에 의해 인간으로 완성되어 갑니다. 쉼 없이 자신을 창조해 가는 것이죠.

26장

그침 없는 진실

지극한 진실은 그침이 없다. 그치지 않으니 오래되고, 오래되니 징험이 나타난다. 징험이 나타나니 멀고 아득하다. 멀고 아득하니 넓고 두텁다. 넓고 두터우니 높고 밝다. 넓고 두터움은 만물을 싣는 바이고, 높고 밝음은 만물을 덮는 바이며, 아득하고 오래됨은 만물을 이루는 바이다. 넓고 두터움은 땅과 짝하고, 높고 밝음은 하늘과 짝하며, 아득하고 오래됨은 끝이 없다. 이와 같은 것은 보여 주지 않아도 드러나며, 움직이지 않아도 변(變)하며, 함이 없이도 이루어진다. 천지(天地)의 도(道)는 한마디로 다할 수 있다. 그 도(道) 됨이 둘이 아니니 만물을 낳음을 모두 헤아릴 수 없다. 천지의 도는 넓음, 두터움, 높음, 밝음, 아득함, 오래됨이다.

故至誠無息. 不息則久, 久則徵, 徵則悠遠, 悠遠則博厚, 博厚則高明.
고지성무식. 불식즉구, 구즉징, 징즉유원, 유원즉박후, 박후즉고명.

博厚, 所以載物也, 高明, 所以覆物也, 悠久, 所以成物也. 博厚配地,
박후, 고이재물야, 고명, 소이부물야, 유구, 소이성물야. 박후배지,

高明配天, 悠久無疆. 如此者, 不見而章, 不動而變, 無爲而成. 天地
고명배천, 유구무강. 여차자, 불현이장, 부동이변, 무위이성. 천지

之道, 可一言而盡也, 其爲物不貳, 則其生物不測. 天地之道, 博也,
지도, 가일언이진야, 기위물불이, 즉기생물불측. 천지지도, 박야,

厚也, 高也, 明也, 悠也, 久也.
후야, 고야, 명야, 유야, 구야.

하늘은 작게 빛나는 것들이 많이 모인 것이지만 그 무궁함에 미쳐서는 해와 달, 별들이 매달려 있고 만물을 덮고 있다. 땅은 한 줌의 흙이 많이 모인 것이지만 그 넓고 두터움에 미쳐서는 화악(華嶽)을 싣고도 무겁지 않고 강과 바다를 거두고도 새지 않는다. 산은 작은 돌들이 많이 모인 것인데 그 넓고 큼에 미쳐서는 풀과 나무가 살아가고 동물들이 거처하며 보물이 나온다. 물은 한 국자의 물들이 모인 것인데 그 잴 수 없음에 미쳐서는 자라, 악어, 교룡, 물고기들이 살고 재물이 나온다.

今夫天, 斯昭昭之多, 及其無窮也, 日月星辰繫焉, 萬物覆焉. 今夫地,
금부천, 사소소지다, 급기무궁야, 일월성신계언, 만물부언. 금부지,

一撮土之多, 及其廣厚, 載華嶽而不重, 振河海而不洩, 萬物載焉. 今
일촬토지다, 급기광후, 재화악이부중, 진하해이불설, 만물재언. 금

夫山, 一卷石之多, 及其廣大, 草木生之, 禽獸居之, 寶藏興焉. 今夫
부산, 일권석지다, 급기광대, 초목생지, 금수거지, 보장흥언. 금부

水, 一勺之多, 及其不測, 黿鼉蛟龍魚鱉生焉, 貨財殖焉.
화, 일작지다, 급기불측, 원타교룡어별생언, 화재식언.

시경에, "하늘의 명(命)이여, 아! 깊고 멀어 그치지 않는구나!"라고 했으니 이것은 하늘이 하늘이 된 까닭을 말한 것이요, "아! 드러나지 않는가, 문왕의 덕(德)이 순수함이여!"라고 했으니 이것은 문왕이 문(文)이 되신 까닭이 문왕의 순수함 또한 그치지 않음에 있음을 말한 것이다.

詩云, "維天之命, 於穆不已." 蓋曰天之所以爲天也, "於乎不顯, 文
시운, "유천지명, 오목불이." 개왈천지소이위천야, "오호불현, 문

王之德之純." 蓋曰文王之所以爲文也, 純亦不已.
왕지덕지순." 개왈문왕지소이위문야, 순역불이.

■ 글자 풀이

무식(無息)

쉼이 없다, 그침이 없다는 뜻입니다. 한순간도 멈추지 않음을 말합니다.

징(徵)

징험(徵驗)입니다. 겉으로 드러나 보이는 것을 뜻합니다.

소소(昭昭)

밝고 밝은 것을 뜻합니다. 아주 작게 빛나는 것을 말합니다.

일촬(一撮)

한 줌을 말합니다. 촬(撮)은 손으로 움켜쥐는 것을 뜻합니다.

화악(華嶽)

화산(華山)입니다. 특정 산으로 볼 수도 있고, 큰 산으로 일반화하여 읽을 수도 있습니다.

오목불이(於穆不已)

여기서의 오(於)는 감탄사입니다. 목(穆)은 깊고 먼 모양을 나타내고, 불이(不已)는 그치지 않음을 뜻합니다.

■ 풀어 보기

매우 상징적이고도 실제적인 자연관을 설명하고 있는 곳입니다. 그것을 한마디로 요약하면 자연은 진실[성(誠)]의 펼쳐짐이라는 것입니다.

26장 전체를 두 부분으로 나누면, 첫 부분은 형이상의 원리이고 다음은 실제 자연 세계에 관한 설명입니다. 그리고 마지막에 그것을 다시 오므려 하늘[자연]과 문명[성인(聖人)]을 연결하고 있습니다.

형이상의 원리

25장까지의 주제는 성(誠), 성지(誠之)였습니다. 이곳은 성(誠)의 펼쳐짐에 관한 것입니다. 진실[성(誠)]은 만물과 만사의 존재 근거이기에 진실이 한 순간이라도 멈춘다면 만물 만사는 없어집니다. 만물 만사가 만물 만사로 있다는 것은 진실이 쉬지 않고 있기 때문이라는 것입니다. 그래서 진실은 '멈춤이 없음[무식(無息)]'을 자기 특성으로 합니다.

멈추지 않기에 오램[구(久)]이라고 할 수 있고, 오래되면 그것은 징험(徵驗)[징(徵)]이 나타나게 됩니다. 징험이 나타나면 멀고 아득해지고[유원(悠遠)], 멀고 아득함은 넓고 두터움[박후(博厚)], 넓고 두터움은 높고 밝음[고명(高明)]으로 화(化)합니다. 이것을 순서대로 하면 '성(誠)=무식(無息) → 구(久) → 징(徵) → 유원(悠遠) → 박후(博厚) → 고명(高明)'이 됩니다.

'구(久) → 징(徵) → 유원(悠遠)'이 시간성이라면, '박후(博厚) → 고명(高明)'은 공간성입니다. 그리고 시간성과 공간성을 관류하고 있는 것은 그침이 없는 성(誠)의 자기 이룸[성자자성(誠者自成)]입니다. 모든 존재는 시간과 공간 속에 있습니다. 그렇기에 박후라는 공간성은 만물을 싣고, 고명이라는 공간성은 만물을 덮고, 유원이라는 시간성은 만물을 이룹니다. 그것을 자연에 대비하면 각각 땅 · 하늘, 그리고 끝없음이 됩니다. 그러니 천지[자연]의 도의 특징은 넓음[박(博)] · 두터움[후(厚)] · 높음[고(高)] · 밝음[명(明)] · 아득함[유(悠)] · 오램[구(久)]으로 상징화됩니다.

실제의 자연 세계

하늘 · 땅 · 산 · 물, 이 네 가지는 세세한 만물을 매달고 · 거두고 · 내고 · 키우고 있습니다. 그러면서도 하늘은 작은 빛의 모임, 땅은 한 줌 흙의 모임, 산은 작은 돌의 모임, 물은 한 국자 물의 모임입니다. 이것은 창조에서 없어짐으로 가는 직선적 자연관이 아니라 '작은 것 → 큰 것 → 작은 것'의 순환으로서의 자연관을 말해 줍니다.

'작은 것 → 큰 것 → 작은 것'의 순환 구조에는 멀고 아득한 시간성이 내재되어 있습니다. 그리고 하늘 · 땅 · 산 · 물은 넓고 · 두텁고 · 높고 · 밝은 공간성을 함유하고 있습니다. 시간은 직선으로 달리고 있지 않으며 공간은 팽창으로 치닫지 않습니다. 시간은 멀어지지만 그 멀어짐은 없어지는 것이 아니라 언제나 '지금으로 드러나게[현재(顯在)]' 됩니다. '한 줌의 흙 → 산 → 한 줌의 흙'의 순환은 공간의 팽창과 수축의 공시(共時) 속에 만물이 있음을 말합니다. 흙에서 보면 공간이 흙으로 수축되어 온 것이고, 산에서 보면 공간이 산으로 팽창되어 온 것입니다. 흙과 물이 함께 있으니 공간도 팽창과 수축이라는 역방향의 힘으로 서로를 밀어내는 것이 아니라, 팽창과 수축으로 서로를 끌어들이고 있는 것입니다.

자연과 문명

진실[성(誠)]의 자기 전개로서의 자연은 시간과 공간의 직조(織造) 속에 있습니다. 성(誠)=무식(無息)이기에 그 직조는 완성형이 아니라 영원히 진행형입니다. 그래서 '그치지 않음[불이(不已)]'이 하늘이 하늘이

된 까닭이라고 한 것입니다.

인간 세계는 문명(文明)으로 이루어집니다. 문명이 그치면 인간 세계도 끝입니다. 따라서 인간의 문명도 시대와 상황에 따라 다르게 직조되지만 그 순수함-진실[성(誠)]-은 그치지 말아야 합니다. 자연 세계는 시간과 공간의 직조의 그치지 않음을 통해 존재하는 것이고, 인문 세계는 시대와 상황의 다양성 속에서도 '순수함(진실)의 그치지 않음[순역불이(純亦不已)]'을 통해 의미 있게 있는 것입니다. 자연 세계는 '그치지 않음'이고, 인문 세계는 '순수가 그치지 말아야 함'인 것입니다.

■ 또 하나의 생각

우공이산(愚公移山) – 존재의 시공간적 가치

한 줌의 흙이 모여 산이 됩니다. 그리고 산이 흩어져 흙이 됩니다. 흙에서 산으로의 진행은 팽창이고, 산에서 흙으로의 진행은 수축입니다. 팽창과 수축은 시간을 머금고 있습니다. 어리석은 사람이 산을 삽으로 퍼내어 옆으로 옮겼다는 우공이산(愚公移山)의 고사가 있습니다. 꾸준히 노력하면 못할 일도 없다는 교훈을 담고 있는 것이죠.

옮김[이(移)]에는 시간성이 들어 있습니다. 긴 시간이 들어 있습니다. 긴 시간 동안 산을 퍼내고 있으니 어리석은 놈[우공(愚公)]이라고 했습니다. 산 → 흙 → 산으로의 옮김에는 아주 오랜 시간이 녹아 있습니다. 아득하고[유(悠)]도 멀고 먼[원(遠)] 시간 말입니다.

그 시간 속에서 산이 흙으로 수축하고, 흙은 산으로 팽창했습니다. 산이 있기에 흙이 있다거나, 흙이 있기에 산이 있는 것 아니냐는 논쟁은 무의미합니다. 산은 있고 흙이 없었던 어느 시공간, 흙은 있고 산은 없었던 어느 시공간은 없습니다. 어느 시점을 현재화해도 산과 흙은 함께 있습니다.

그렇다면 공간은 팽창으로만 치닫는 것도 아니고 수축으로만 달려오고 있는 것도 아닌 셈이 됩니다. 공간이 그러하니 그 공간 속에 있는 존재도 마찬가지입니다. 팽창과 수축은 시간을 머금고 있으니 모든 존재는 시간과 공간의 한 점에 있는 것입니다. 그런데 시간은 멈춤이 없으며, 공간 또한 팽창과 수축의 반복이니 그 점 또한 고정된 것이 아닙니다. 따라서 존재는 멀어져 간 시간의 현재화이면서, 팽창하면서 수축하고 있는 공간의 드러남[현재(顯在)]이라고 할 수 있습니다.

시간은 계속 멀어져 가기에 존재는 끝없이 시간의 현재화를 해야 합니다. 어제의 존재와 오늘의 존재가 다른 것은 미래가 다가와서가 아니라 멀어져 간 시간의 현재화가 다르기 때문입니다. 미래는 현재의 존재를 결정하지 못합니다. 과거도 현재를 결정하지 못합니다. 시간의 현재화만이 현존재를 결정하는 것입니다. 현존재는 멀어져 간 만큼의 시간을 현재화한 것입니다. 그렇다면 시간을 현재화한 존재로서의 '나'는 아득하고 먼 시간을 함유한 존재가 됩니다. 나에게는 아득하고[유(悠)]도 멀고 먼[원(遠)] 시간이 녹아 있습니다. 아니, 아득하고 먼 시간으로 존재한다가 더 어울릴 것 같습니다.

공간 또한 마찬가지입니다. 모든 존재는 팽창되어 있는 존재, 수축되어 있는 존재가 아니라 팽창과 수축을 동시에 하고 있는 존재입니다. 나는 팽창해 왔으나 수축하고 있는, 수축해 왔으나 팽창하고 있는 현재의 존재입니다. 가장 큰 팽창과 가장 작은 수축은 아득하고도 멀고 먼 시간에 담겨 있는 것이니, 나는 가장 큰 팽창과 가장 작은 수축을 머금은 현재화된 공간인 것입니다. 즉 나는 모든 시간의 응축이고 모든 공간의 점유입니다.

27장

덕성을 높이고 진리를 탐구하고

크도다! 성인(聖人)의 길[도(道)]이여! 넘실넘실거리며 만물을 자라게 하니 높음이 하늘에 닿았도다. 흘러넘치게 크도다! 예의(禮儀)가 삼백이나 되고, 위의(威儀)가 삼천이나 된다. 그런 사람을 기다린 뒤에야 그것이 행해질 수 있다. 따라서 '진실로 지극한 덕(德)을 갖춘 사람이 아니라면 지극한 도(道)를 모아 이룰 수 없다.'라고 한 것이다.

大哉, 聖人之道, 洋洋乎發育萬物, 峻極于天. 優優大哉, 禮儀三百,
대재, 성인지도, 양양호발육만물, 준극우천. 우우대재, 예의삼백,

威儀三千. 待其人而後行. 故曰, 苟不至德, 至道不凝焉.
위의삼천. 대기인이후행. 고왈, 구부지덕, 지도불응언.

그러므로 사람다운 사람이 되고자 하는 이[군자(君子)]는 자신의 덕성(德性)을 소중하게 하면서 학문을 연마하여, 넓고 큰 것에 이르면서도 자세하고 정밀한 것을 다하며, 높고 밝은 것을 추구하면서도 일상에 맞추는[중용(中庸)] 길을 가며, 옛것을 익히면서도 새로운 것을 알

며, 두터움을 도탑게 하면서도 예(禮)를 높이는 것이다. 그러한 까닭에 윗자리에 있다고 해서 교만하지 않고, 아랫자리가 되었다고 해서 배반하지 않으며, 나라에 도(道)가 있다면 그 말[언(言)]이 나라에 족히 쓰일 수 있고, 나라에 도가 없다면 그 침묵이 족히 용납되는 것이다. 시경(詩經)에, "이미 밝고 또 지혜로우니 그 몸을 보전하는구나!"라고 한 것은 이것을 이른 것이로구나!

故君子尊德性而道問學, 致廣大而盡精微, 極高明而道中庸, 溫故而
고군자존덕성이도문학, 치광대이진정미, 극고명이도중용, 온고이

知新, 敦厚以崇禮. 是故, 居上不驕, 爲下不倍, 國有道其言足以興,
지신, 돈후이숭례. 시고, 거상불교, 위하불배, 국유도기언족이흥,

國無道其默足以容. 詩曰, "旣明且哲, 以保其身", 其此之謂與.
국무도기묵족이용. 시왈, "기명차철, 이보기신", 기차지위여.

■ 글자 풀이

양양(洋洋)

가득 차서 넘실대는 모양을 뜻합니다. 만물이 넘실대는 것을 시각화한 것이죠.

우우(優優)

넉넉하고 넉넉한 모양을 뜻합니다.

예의(禮儀)

기준이 되는 큰 예(禮)를 말합니다.

위의(威儀)

일상적 행위 속에서의 소소한 예(禮)를 뜻합니다.

■ 풀어 보기

26장이 천도(天道)를 말했다면, 이곳 27장은 천도를 인문 세계에 실현하는 성인(聖人)과 그 성인을 향하여 가는 군자의 길을 말하고 있습니다.

자연 세계는 도(道)만 있지만, 인문 세계는 도(道)뿐만 아니라 덕(德)도 있습니다. 도가 존재라면 덕은 가치라고 할 수 있습니다. 도가 주어짐이라면 덕은 이루어 감입니다. 그래서 인문 세계에서는 덕을 통해 도가 실현되는 것입니다. 즉 덕을 갖춘 성인이 있어야 그 도가 온전히 실현되는 것이죠. 도를 인문 세계에 실현하는 성인은 만물을 낳는 하늘과 나란히 있는 존재입니다.

현실의 인간은 덕을 부여받았지만 그것을 온전히 실현한 완성된 인간이 아닙니다. 그래서 완성을 위한 길을 가야 하는데, 그 디테일한 묘사가 이어지는 핵심을 요약하면 '존덕성(尊德性), 도문학(道問學)'이라고 하겠습니다. 성(性)은 주어져 있다는 것이 1장부터의 주장입니다. 하늘이 나에게 명(命)한 성(性)을 잃지 않으려 소중하게 간직하여 도덕적 주체를 키워 나가는 것이 존덕성입니다. 그리고 학문을 통하여 세계를 탐구하고 이해해 나가는 것이 도문학입니다. 주희는 존덕성을 존심(存心)으로, 도문학을 치지(致知)로 구분하여 수덕(修德)과 응도(凝道)의 방법으로 나머지 구절을 배속하고 있습니다.

존덕성-도문학, 치광대(致廣大)-진정미(盡精微), 극고명(極高明)-도중용(道中庸), 온고(溫故)-지신(知新)은 동시적 상황입니다. 한쪽으로 치우치지 않고 양단(兩端)을 다 잡고 있는 것이 '중용'입니다. 그러니 광대(廣大)함에 이르러서도 정미(精微)함을 다하고, 고명(高明)에 이르면서도 일상적인 길을 떠나지 않으며, 옛것을 익히면서도 새것을 아는 것이 중용입니다. 그리하여 점점 두텁게 함으로써[돈후(敦厚)] 예를 높이는 것[숭례(崇禮)]도 중용입니다.

그런 원리들이 실제에서는 어떻게 적용될까요. 자리[위(位)]에 적절한 행위를 하는 것이며 상황에 따라 나아가고 물러가는 것에 있습니다. 윗자리에 있을 때 교만하는 것도, 아랫자리에 있을 때 배반하는 것도, 나라가 잘 운영되는데 물러가 있는 것도, 나라가 잘못되어 가고 있는데 나서는 것은 한쪽으로 기운 행위입니다. 윗자리에 있을 때는 교만에 치우치기 쉽고, 아랫자리에 있을 때는 배반하기 쉽고, 나라가 잘 운영될 때는 무관심하기 쉽고, 나라가 혼란할 때는 기회다 싶어 나서려는 경향으로 기울기 쉬운 것입니다. 자신의 자리와 사회적 상황을 잘 알고 그에 맞게 대응하는 것이 '명철보신(明哲保身)'입니다.

■ 또 하나의 생각

말하기, 침묵하기

자연 세계는 소리는 있지만 말[언(言)]은 없습니다. 소리에도 나름의 의미가 담겨 있겠으나 그것은 삶에의 본능적 외마디일 것입니다. 말은 문명의 소산입니다. 즉 문명화된 존재가 아니면 말을 할 수 없습니다. 침묵은 말이 존재하지 않는 자연 세계의 고요가 아니라, 말을 하지 않겠다는 또 다른 말입니다. 그래서 침묵 또한 문명화된 존재가 아니면 할 수 없습니다.

인간은 모두 말하고 침묵하기도 합니다. 그런 면에서 인간은 모두 문화적 존재입니다. 그런데 인간의 모든 말이 문화적인 것은 아닙니다. 인간다운 인간의 말일 때 문화적 의미를 가질 수 있습니다. 인간다운 인간은 말해야 할 때 말다운 말을 하고, 침묵해야 할 때 침묵다운 침묵을 합니다. 거꾸로도 됩니다. 말해야 할 때 말다운 말을 하고, 침묵해야 할 때 침묵다운 침묵을 하는 사람은 인간다운 인간인 것이죠.

'때'는 시간만을 말하는 것이 아니라 공간[위(位), 지위]도 포함하고 있는 개념입니다. 말해야 할 때 말할 지위에서 말다운 말을 하고, 침묵해야 할 때 침묵할 지위에서 침묵다운 침묵을 해야 그것이 정당한 의미를 가진 의사 표현이 되는 것입니다.

말하기 참 어렵고, 침묵의 힘이 크기도 합니다. 그래서 인간다운 인간의 말과 침묵은 둘 사이의 대화를 넘어 사회 · 국가 · 천하에 울립니다. 그가 말하면 말의 울림이, 침묵하면 침묵의 울림이 있습니다. 말의 울림이 받아들여져 활용되고, 침묵의 울림이 허용되는 사회라면 그 사회가 인간들이 살아가는 인문 세계라고 할 수 있습니다.

28장

제멋대로 하지 마라

공자께서 말씀하셨다. "어리석으면서도 자기의 생각을 쓰기 좋아하고, 낮은 자리에 있으면서도 자기 마음대로 하기를 좋아하고, 지금의 세상에 살고 있으면서 옛날의 길[道]로 되돌리려고 하는 자들은 재앙이 그 몸에 미칠 것이다."

子曰, "愚而好自用, 賤而好自專, 生乎今之世, 反古之道, 如此者, 災及其身者也."
자왈, "우이호자용, 천이호자전, 생호금지세, 반고지도, 여차자, 재급기신자야."

천자(天子)의 자리에 있지 않으면 예(禮)를 논의하여 정하지 못하는 것이며, 법도를 제정하지 못하는 것이며, 문자를 상고하지 못하는 것이다. 지금 천하에는 수레바퀴의 간격이 같으며, 글은 같은 문자를 쓰고, 행위의 순서가 같다. 비록 그 지위에는 있으나 그에 상응하는 덕(德)이 없으면 감히 예악(禮樂)을 짓지 않는 것이며, 비록 그 덕이 있으나 그 지위가 없어도 또한 감히 예악을 짓지 않는 것이다.

非天子, 不議禮, 不制度, 不考文. 今天下, 車同軌, 書同文, 行同倫.
비천자, 불의례, 불제도, 불고문. 금천하, 거동궤, 서동문, 행동륜.

雖有其位, 苟無其德, 不敢作禮樂焉, 雖有其德, 苟無其位, 亦不敢作
수유기위, 구무지덕, 불감작예악언, 수유기덕, 구무기위, 역불감작

禮樂焉.
예악언.

공자께서 말씀하였다. "나는 하(夏)나라의 예(禮)를 말할 수는 있겠으나 그 후예인 기(杞)나라로는 실증하기 충분하지 못하다. 내가 은(殷)나라의 예를 배웠으나 오직 송(宋)나라에만 그것이 남아 있다. 내가 주(周)나라의 예를 배웠는데 지금 그것이 통용되고 있으니 나는 주(周)나라의 예를 따르노라."

子曰, "吾說夏禮, 杞不足徵也, 吾學殷禮, 有宋存焉, 吾學周禮, 今用
자왈, "오설하례, 기부족징야, 오학은례, 유송존언, 오학주례, 금용

之, 吾從周."
지, 오종주."

■ 글자 풀이

거동궤(車同軌)

수레바퀴의 간격이 같다는 뜻입니다. 수레바퀴의 간격이 같지 않으

면 수레들이 잘 다닐 수 없습니다. 요샛말로 하면 기차의 레일 간격이 같거나, 차로의 폭이 같은 것입니다. 일상생활에서의 도량형(度量衡)이 통일되었다는 의미입니다. 전 세계적으로 무게를 잴 때는 g, Kg를 공통으로 사용한다는 것으로 이해하면 되겠습니다.

서동문(書同文)

같은 문자를 쓴다는 것으로 문자가 통일된 것을 말합니다. 요샛말로 하면 세계 공통어가 형성되었다는 정도가 됩니다.

행동륜(行動倫)

행위의 순서가 같다는 것으로 요샛말로 글로벌 에티켓 정도로 보면 될 듯합니다.

하(夏), 기(杞), 은(殷), 송(宋), 주(周)

모두 상고 시대의 나라들입니다. 공자가 살던 시대는 주(周)나라 말기였습니다. 공자는 하나라와 은나라의 문화를 배워서 알고 있으나 현재에 통용되고 있지 않기에 그것을 따르지 않겠다고 했습니다. 만약 하나라나 은나라의 문화를 따르면 '지금에 살면서 옛날의 길로 되돌아가려는' 것이 됩니다. 시의(時宜)를 잃은 것이죠. 주(周)를 따르겠다고 한 것은 '현재'를 중시한 것이지, 주나라의 문물을 절대시한 것이 아닙니다. 만약 하나라의 현재에 있다면 하나라를 따르겠다고 할 것입니다. 그런 면에서 공자를 복고주의자로 보는 것은 오해일 수 있습니다. 적어도 자사는 공자를 영원한 현세주의자로 읽고 있습니다.

■ 풀어 보기

앞 26장의 결론 부분에 대해 공자의 말을 인용하여 논증하고 있습니다.

어리석다[우(愚)]는 것은 덕(德)이 부족하다는 것이고, 낮은 자리[천(賤)]라는 것은 아랫자리에 있다는 것을 말합니다. 덕과 자리[위(位)] 그리고 시의(時宜), 이 세 가지를 모두 갖춘 이만이 문화[예악(禮樂) · 법도(法度) · 문자]를 창출할 수 있다는 것입니다. 공자는 덕은 갖추었으나 자리를 얻지는 못했습니다. 그래서 공자는 새로운 문화를 창출한 것이 아니고, 당시의 문화인 주(周)의 문화를 따르겠다고 한 것입니다.

새로운 문화의 창출은 그만한 덕(德)을 갖춘, 그 자리에 있는 사람에 의해, 그 상황에 맞을 때 가능합니다. 그래서 새로움을 함부로 말할 수 없는 것입니다.

■ 또 하나의 생각

억지 부리기, 제멋대로 하기 – 자용(自用), 자전(自專)

억지 부림은 의견 교환, 소통의 상황과 관련됩니다. 억지 부리는 사람은 자기의 생각을 관철시키려고 합니다. 아니, 관철이라기보다는 들어 달라고 떼를 쓰는 것이라고 하는 편이 옳습니다. 의견을 제시하다 억지 부리는 단계까지 가면 그 억지 부림을 듣는 사람은 그것이 억지임을 알고 무관심 혹은 방관의 태도가 됩니다. 억지 부리고 있는 사람 또한 그것이 억지임을 알고 있으나 억지가 받아들여지지 않으면 자신의 존재 가치가 무너진다고 여깁니다. 억지 부림은 의견의 '주고-받음'의 관계를 '주고-방관함'으로 바꾸어 버립니다. 그렇게 된다는 것을 알면서도 그렇게 하거나, 그렇게 된다는 것을 모르는 것 모두 어리석음[우(愚)]이라고 할 수 있습니다. 어리석기 때문에 억지 부리는 것이고, 억지 부리기 때문에 어리석은 것입니다.

제멋대로 함은 업무, 행동거지와 관련됩니다. 제멋대로 하는 사람은 자신이 해야 할 일을 하는 것이 아니라 자신이 하지 말아야 할 일을 하는 것입니다. 자신이 할 일은 자신의 능력이나 지위에 맞는 일입니다. 16살 학생이 20살 젊은이의 행동을 따라 하는 것이 제멋대로 함이며, 대리이면서 부장처럼 행동하는 것이 제멋대로 함이며, 할 수 없으면서 할 수 있다고 하는 것이 제멋대로 함입니다. 그런 사람은 현재의 자신을 버린 사람입니다. 시의성과 주체성을 모두 포기한 것입니다. 현재를 떠나 있고, 자신의 일이 아닌 것을 하기에 허망한 것이 됩니다. 천[천(賤), 자신의 자리를 벗어남]하기에 허망한 것이고, 허망하기 때문에 천한 것입니다.

29장

자신에게 돌이키기

천하를 다스림에 세 가지 무거운 것이 있다. 그 세 가지 무거운 것을 한다면 허물이 적게 될 것이다. 옛날의 것은 비록 좋더라고 징험되지 못한다. 징험되지 못하니 믿을 수 없고, 믿을 수 없으면 백성들은 따르지 않는다. 자리가 아래에 있는 자는 비록 좋더라도 존경받지는 못한다. 존경받지 못하니 믿을 수 없고, 믿을 수 없으면 백성들은 따르지 않는다.

王天下有三重焉, 其寡過矣乎. 上焉者雖善無徵, 無徵不信, 不信民
왕천하유삼중언, 기과과의호. 상언자수선무징, 무징불신, 불신민

弗從. 下焉者雖善不尊, 不尊不信, 不信民弗從.
부종. 하언자수선부존, 부존불신, 불신민부종.

따라서 군자가 되는 길[도(道)]은 자신에 근본하여 그것을 여러 사람에게 징험해 봄에, 고대 선왕들에게 상고(上考)해도 그릇되지 않고, 천지에 세워 보아도 어긋나지 않고, 귀신에게 질정해도 의심이 없고,

백세(百世) 후의 성인(聖人)이 온다 해도 미혹됨이 없어야 한다. 귀신에 질정해도 의심이 없다면 하늘을 안 것이요, 백 세 후의 성인이 온다 해도 미혹됨이 없다면 사람을 안 것이다.

故君子之道, 本諸身, 徵諸庶民, 考諸三王而不謬, 建諸天地而不悖,
고군자지도, 본저신, 징저서민, 고저삼왕이불류, 건저천지이불패,

質諸鬼神而無疑, 百世以俟聖人而不惑. 質諸鬼神而無疑, 知天也,
질저귀신이무의, 백세이사성인이불혹. 질저귀신이무의, 지천야,

百世以俟聖人而不惑, 知人也.
백세이사성인이불혹, 지인야.

이와 같은 까닭에 군자가 움직이면 대대로 천하가 가야 할 길[도(道)]이 된다. 행동하는 것은 대대로 천하의 법도가 되고, 말을 하면 대대로 천하의 기준이 된다. 멀면 우러름이 있고, 가깝더라도 싫어함이 없다. 시경(詩經)에, "저기에 있어도 미워함이 없으며, 여기에 있어도 싫어함이 없도다. 이른 새벽부터 늦은 밤까지 그 기림을 길이 마치는구나!"라고 했으니, 군자가 이와 같이 하지 않고 일찍이 천하에 기림을 얻은 자가 있지 않다.

是故君子動而世爲天下道, 行而世爲天下法, 言而世爲天下則. 遠之
시고군자동이세위천하도, 행이세위천하법, 언이세위천하칙. 원지

則有望, 近之則不厭. 詩曰, "在彼無惡, 在此無射, 庶幾夙夜, 以永終
즉유망, 근지즉불염. 시왈, "재피무오, 재차무역, 서기숙야, 이영종

譽.", 君子未有不如此而蚤有譽於天下者也.
예.", 군자미유불여차이조유예어천하자야.

■ 글자 풀이

유삼중언(有三重焉)

세 가지 무거운 것이 있다고 해석합니다. 세 가지를 주희는 예(禮)를 논의함[의례(議禮)] · 법도를 제정함[제도(制度)] · 문자를 상고함[고문(考文)]으로 보고 있습니다. 28장에서 천자만이 할 수 있는 일로 제시된 것입니다. 김용옥 선생은 수신(修身) · 존현(尊賢) · 친친(親親)으로 해석합니다. 모두 타당성이 있습니다. 그런데 둘 다 천자의 지위를 전제한 것으로 보입니다. 『중용』이 천자의 자리에만 적용되는 것이 아니라면, 삼중(三重)은 천자에게만 필요한 것이면 안 된다는 생각입니다. 삼중(三重)은 모든 사람에게 삼중(三重)이어야 합니다. 그래서 삼중(三重)을 덕(德) · 자리[위(位)] · 시의(時宜)로 보고자 합니다. 이 또한 28장에 나온 것입니다. 덕을 갖추지 못한 것이 우(愚)이고, 자리를 벗어남이 천(賤)이고, 시의를 잃은 것인 반고지도(反古之道)입니다. 우리는 누구나 덕이 있고(있어야 하고), 자리가 있고, 시대 속에 있습니다. 덕은 보편성이고, 자리는 상대적 위치이고, 시의는 현실성입니다. 이 세 가지를 갖춘 형이라면 아우에게 멋진 지도자이고, 후배에게 훌륭한 지도자이고, 국민에게 살 길을 제시하는 통치자일 것입니다.

상언자(上焉者)

위에 있는 자라고 새깁니다. 시대적으로 현재성을 입증하기 어렵다는 뜻을 담고 있습니다. 옛것이 아무리 좋다고 해도 현재에서 실증되지 못하면 소용이 없다는 것입니다.

하언자(下焉者)

아래에 있는 자입니다. 자리[위(位)]를 벗어난 것을 뜻합니다. 형의 자리에 있지도 않으면서 형 노릇을 하는 것과 같습니다. 친구에게 형 노릇을 한다고나 할까요.

■ 풀어 보기

나라(집단)를 다스리는 기본 원리에 대해 말하고 있습니다. 나라를 다스리는 자리이니까, 높게는 천자에서 낮게는 제후나 대부 모두에게 해당된다고 보는 것이 좋겠습니다. 물론 여기서는 천자의 경우를 가정하고 있는 듯하지만, 천자라고 하지 않고 군자(君子)라고 했으니 좀 융통성 있게 볼 필요도 있습니다. 누구나 지도자의 자리에 있습니다. 형은 아우에게 지도자의 자리이고, 선배는 후배에게 지도자의 자리이기 때문입니다.

지도자가 지도(통치)를 함에 자의(恣意)에 의한 지배를 하면 그것은 좋은 통치가 될 수 없습니다. 좋은 통치는 인간의 보편적 덕성, 과거와 미래를 끌어안은 현재성, 자연과의 조화 이 세 가지입니다.

인간의 보편적 덕성에 대해서는 자기 자신을 남에게 비추어 보면 됩니다. 자기 자신을 남에게 비추어 보면 주체성과 실증성(보편성)을 모두 얻을 수 있습니다. 주체성과 실증성이 확보된 것을 과거와 미래에도 비추어 보아야 합니다. 과거를 비추어 보는 것은 반성이고, 미래에 비추어 보는 것은 확신입니다. 그리고 천지와 귀신에 질정해 보아야 합니다. 인간의 일은 천도(天道) 위에 세워 가는 것이기 때문입니다.

이 정도 된다면 그 사람의 말과 행동은 인간 세상 대대로 길[도(道)]이 되고 법칙이 되고 표준이 될 것은 당연합니다. 그런 사람은 멀리 있어도 우러르게 되고, 가까이 있어도 싫어하지 않게 됩니다. 그런 사람이 없는 게 슬플 뿐입니다.

■ 또 하나의 생각

멀면 우러름이 있고, 가깝더라도 싫어함이 없다.

멈[원(遠)]의 폐단은 잊어짐이고, 가까움의 문제는 무시함입니다.

먼 것은 멀리 있습니다. 눈에서 멀어지면 안 보이고, 안 보이면 없는 것처럼 여기게 됩니다. 없음이 조금만 지속되면 잊어지고 맙니다. 가까운 것은 가깝게 있습니다. 눈앞에 있으니 늘 보이고, 늘 보이니 찾을 필요가 없습니다. 찾을 필요가 없으니 소중하지 않게 됩니다.

멀리 있는 것과는 친해지기 어렵습니다. 가까이 있는 부모와는 자연스럽게 친해질 수 있지만, 먼 조상과는 친해지기 어려운 것이죠. 그러니 멀리 있는 것에 대해서는 친함과 잊어짐의 중간을 취해야 합니다. 그것이 바로 우러름입니다. 만약 우러름의 대상을 갖고 있지 않다면 그런 사람은 현재의 시간만을 갖고 사는 사람입니다. 우러름은 지나간 시간을 내게로 가져오는 것입니다. 우러름의 대상을 갖고 있다는 것은 우러름의 대상의 시간을 모두 내 것으로 하는 것입니다.

가깝게 있는 것은 우러러보지 않게 됩니다. 멀리 있는 성현(聖賢)은 우러러볼 수 있지만, 가까이 있는 선생을 무시하기 쉽습니다. 그러니 가까이 있는 것은 우러름과 무시함의 중간이어야 합니다. 그것이 싫어하지 않음입니다. 만약 가까이 있는 것을 우러르면 가까이 있는 것과 친해지지 못할 것이고, 가까이 있는 것을 무시하면 그 소중함을 버리는 것입니다.

내가 누군가를 우러르고 내게 가깝게 있는 것을 싫어하지 않는 것으로 읽어도 되고, 누군가가 나를 우러르고 가깝게 있는 나를 싫어하지 않는 것으로 읽어도 됩니다. 둘 다 지향되어야 할 것이니까요.

30장

아울러 자라지만 서로 해치지 않으니

공자[중니(仲尼)]께서는 멀리 요임금과 순임금을 계승하여 전하였고, 가깝게는 문왕과 무왕을 따라 본받으셨다. 그것은 위로는 자연의 흐름을 따르고 아래로는 사회적 조건을 따른 것이다.

仲尼祖述堯舜, 憲章文武. 上律天時, 下襲水土.
중니조술요순, 헌장문무. 상율천시, 하습수토.

비유하자면 하늘과 땅이 실어 주지 않음이 없고 덮어 주지 않음이 없는 것과 같다. 비유하자면 사철이 번갈아 운행됨과 같고, 해와 달이 번갈아 밝혀 줌과 같다.

辟如天地之無不持載, 無不覆幬, 辟如四時之錯行, 如日月之代明.
비여천지지무불지재, 무불부도, 비여사시지착행, 여일월지대명.

만물은 아울러 자라면서도 서로 해치지 않고, 길[도(道)]은 아울러 가면서도 서로 어지럽지 않다. 작은 덕(德)은 냇물의 흐름이고, 큰 덕은 화(化)를 도탑게 한다. 이것이 천지가 크다고 하는 까닭이다.

萬物並育而不相害, 道並行而不相悖, 小德川流, 大德敦化, 此天地
만물병육이불상해, 도병행이불상패, 소덕천류, 대덕돈화, 차천지

之所以爲大也.
지소이위대야.

■ 풀어 보기

3부가 시작되는 21장부터 29장까지는 역사적이고 구체적인 인물이 등장하는 것이 아니라 지성(至誠) · 성인(聖人) · 천지(天地) · 군자(君子)에 대한 추상적이고 형이상적 원리와 조건에 대한 설명이었습니다. 그런데 여기에서 갑자기 공자가 불쑥 등장합니다. 게다라 천지(天地)가 창조의 자리에 있는 것과 같이 공자 또한 천지에 비유되어 있습니다.

자연 세계의 천지를 인간 세계에 대비하면 성인(聖人)입니다. 그러니 여기 30장은 공자를 성인(聖人)의 자리에 자리 지우는 것입니다. 성인(聖人)으로 묘사되는 인물은 『중용』에서 순임금 하나였습니다. 17장에서 순임금은 덕(德)으로는 성인이 되었다고 했습니다. 게다가 순임금은 천하를 소유한 천자의 자리까지 가졌습니다. 반면 공자는 천자의 자리에 있지 않았기에 천자의 일을 하지 않는다고 스스로 말하고 있습니다.(28장) 그럼에도 덕(德)으로 보면 순임금과 공자는 같습니다. 즉 순임금과 공자는 지위로써 우러름을 받는 것이 아니라 덕(德)으로 우러름을 받는 것입니다. 그 덕은 마치 천지와 같습니다. 그래서 큰 덕[대덕(大

德)]이라고 합니다.

큰 덕은 작은 덕[소덕(小德)]의 합이 아니라 소덕(小德)의 근원입니다. 대덕으로 인해 만물이 자라고 만물 각자가 가야 할 길을 갈 수 있는 것입니다. 만물이 서로를 해치지 않고 길이 서로 어긋나지 않는 것이 소덕(小德)이고, 만물이 함께 자라고 길이 서로 어지럽지 않는 것이 대덕(大德)입니다.

■ 또 하나의 생각

성인(聖人)의 요청

자연의 만물은 아울러 살아갑니다. 산과 나무와 날짐승, 들짐승에서 곤충과 세포까지 다 아우러져 있습니다. 각자가 자기의 삶을 살면서 남의 삶을 해치지 않습니다. 짐승이 나무를 먹는 것, 큰 짐승이 작은 동물을 먹는 것도 아울러 살아감의 한 면입니다. 자연의 세계에는 한 종(種)이 다른 종을 멸종시키지 않습니다. 각자가 자신의 길을 갑니다. 큰 짐승이 초식 동물을 먹는 것은 큰 짐승의 길을 가는 것이고, 초식 동물이 왕성한 번식을 하는 것이 초식 동물의 길을 가는 것입니다.

큰 동물이 초식 동물이 먹어야 할 풀을 빼앗지 않으며, 초식 동물이 육식 동물이 되어 큰 동물이 먹을 것을 빼앗지 않습니다. 각자가 자기의 삶을 살고 자기의 길을 가면서도 아울러 살아가고 있습니다. 서로 해치고 빼앗지 않는 것이 각 생명의 덕(德)이며, 아울러 살고 아울러 가는 것이 전체의 덕입니다. 그래서 개체의 덕과 전체의 덕 또한 아우러져 있습니다.

자연 세계가 그렇게 되어 있다면, 인문 세계는 그렇게 만들어야 합니다. 자연 세계의 도(道)가 인문 세계에서는 덕(德)으로 실현되어야 합니다. 자연 세계는 스스로 성(誠) 그 자체이며, 인문 세계는 성지(誠之)로 성(誠)를 이루어 가야 합니다. 그래서 덕을 갖춘 자, 곧 성인(聖人)이 요청되는 것입니다. 성인은 영원히 요청되고 있는 현재형입니다.

31장

아, 성인이여!

오직 천하의 지극한 성인(聖人)이어야 총명예지(聰明叡智)하여 족히 세상에 임(臨)할 수 있다. 너그러우며 넉넉하며 따사로우니[관유온유(寬裕溫柔)] 족히 감싸 줌이 있으며, 피이며 세이며 단단하고 굳세어[발강강의(發强剛毅)] 족히 잡음이 있으며, 가지런하며 씩씩하며 알맞고 바르니[제장중정(齊莊中正)] 족히 우러름이 있으며, 글의 조리가 빠짐없으니[문리밀찰(文理密察)] 족히 분별이 있다. 넓고도 넓으며[부박(溥博)] 깊은 샘[연천(淵泉)]이어서 때에 맞추어 그것이 나온다. 부박은 하늘과 같으며, 연천은 못과 같으니 (그것이) 드러나면 공경하지 않는 백성이 없고, 말하면 믿지 않는 백성이 없으며, 행하면 기뻐하지 않는 백성이 없다.

唯天下至聖, 爲能聰明睿知, 足以有臨也, 寬裕溫柔, 足以有容也, 發
유천하지성, 위능총명예지, 족이유임야, 관유온유, 족이유용야, 발

强剛毅, 足以有執也, 齊莊中正, 足以有敬也, 文理密察, 足以有別也.
강강의, 족이유집야, 재장중정, 족이유경야, 문리밀찰, 족이유별야.

溥博淵泉, 而時出之. 溥博如天, 淵泉如淵. 見而民莫不敬, 言而民莫
부박연천, 이시출지. 부박여천, 연천여연. 현이민막불경, 언이민막

不信, 行而民莫不說.
불신, 행이민막불열.

이로써 그 이름을 부르는 소리가 중용이 실현되는 나라[중국(中國)]에서 넘쳐흘러 아직 중용이 실현되지 않는 나라들[만맥(蠻貊)]에까지 미친다. 배와 수레가 이르는 곳, 사람의 힘이 통하는 곳, 하늘이 덮을 수 있는 곳, 땅이 실을 수 있는 곳, 해와 달이 비출 수 있는 곳, 서리와 이슬이 내리는 곳의 모든 생명 있는 자들이 높이고 친하려 하지 않음이 없다. 그렇기에 하늘과 짝한다고 말하는 것이다.

是以聲名洋溢乎中國, 施及蠻貊, 舟車所至, 人力所通, 天之所覆, 地
시이성명양일호중국, 시급만맥, 주거소지, 인력소통, 천지소부, 지

之所載, 日月所照, 霜露所隊, 凡有血氣者, 莫不尊親, 故曰配天.
지소재, 일월소조, 상로소추, 범유혈기자, 막불존친, 고왈배천.

■ 글자 풀이

부박(溥博)

넓고 넓은 모양을 뜻합니다. 횡적 넓이의 광대함을 나타내고 있습니다.

연천(淵泉)

깊고 깊은 모양으로서, 종적 깊이의 심연을 나타냅니다.

중국(中國), 만맥(蠻貊)

역사적이고 실제적인 개념으로 읽을 필요가 없습니다. 『중용』에서의 '중(中)'은 맞춤입니다. 중국(中國)은 역사적 중국이 아니라 중(中)을 이룬 곳을 칭하는 것입니다. 만맥 또한 역사적 오랑캐의 나라가 아니라 아직 중을 이루지 못한 곳을 나타냅니다. 성인이 있다면 그 나라는 중을 이룬 나라가 될 것입니다. 그런 나라의 백성은 성인을 공경하고 믿으며 기뻐할 것입니다. 아직 중을 이루지 못한 나라는 그런 성인이 자신의 나라에까지 뻗치기를 원할 것입니다. 그것이 마치 하늘이 모든 곳을 다 덮어 주듯이 성인 한 명의 덕이 온 세상을 다 덮을 수 있다고 보는 것입니다.

■ 풀어 보기

지극한 성인(聖人)을 찬양하고 있습니다. 그것이 순임금인지 공자인지는 중요한 것이 아닙니다. 그런 성인이 요청되고 있다는 것이 중요합니다. 그 성인은 다섯 가지 덕(德)을 구현한 사람입니다. 총명예지의 성(聖) · 관유온유의 인(仁) · 발강강의의 의(義) · 제장중정의 예(禮) · 문리밀찰의 지(知)입니다.

성(聖)의 덕이 있어야 세상에 임(臨)할 수 있으며, 인(仁)의 덕이 있어야 포용[용(容)]할 수 있으며, 의(義)의 덕이 있어야 지킬[집(執)] 수 있으며, 예(禮)의 덕이 있어야 정중[경(敬)]할 수 있으며, 지(知)의 덕이 있어야 사리를 분별[별(別)]할 수 있습니다. 그 덕은 넓고 넓어서 모든 공간을 다 덮을 수 있는 하늘과 같고, 깊고 깊어서 어느 때고 나오는 샘과 같습니다. 그런 덕이 드러나면 어느 백성이 공경하지 않으며, 믿지 않으며, 기뻐하지 않을까요. 백성의 한 사람으로서 그런 기쁨과 그런 공경과 그런 믿음을 갖고 싶습니다.

■ 또 하나의 생각

중심과 주변 - 중국(中國)과 만맥(蠻貊)

중(中)을 '가운데'라고 읽으면 공간적 개념으로 이해한 것입니다. 그러면 중국은 가운데의 나라가 됩니다. 가운데라는 뜻이 확대되면 가운데 나라와 그 주변의 나라라는 구도로 변하게 됩니다. 그러면 세상은 중심과 주변으로 나뉩니다. 그것을 역사적 실제로 맞추어 중국과 야만으로 구분하고, 나아가 문화적 개념까지 흡수하여 중국-문명국/ 주변국-미개로 나누게 됩니다. 공간적 개념이 문화적 개념을 먹어 버린 것이죠. 그런 구도로 세상을 이해하는 것이 비록 동아시아의 일만은 아닙니다. 서구 중심의 세계관 또한 중심으로서의 서구와 주변으로서의 변방국으로 나누고 있으니 말입니다.

우리 역사 속에서 가운데 나라로서의 중국과 변방으로서의 조선이라는 구도의 허구를 극복하려는 두 방면의 흐름이 있었습니다. 하나는 문명적 접근이었고, 하나는 공간적 접근이었습니다. 전자가 조선을 소중화(小中華)로 인식하는 조선 성리학의 사유라면, 후자는 모든 개체가 세계의 중심이라는, 곧 공간을 해체해 버리는 조선 실학의 사유입니다.

전자는 중국을 공간적 가운데 나라로 보지 않고, 문명의 나라인 중화(中華)라고 봅니다. 실제의 나라와 문명의 나라가 일치할 수도 있고 그렇지 않을 수도 있습니다. 문명의 나라가 아닌데 공간적으로 가운데 있다면 중국은 될지언정 중화는 될 수 없습니다. 명(明)나라와 청(淸)나라 혹은 조선 시대 말의 서구(西歐)에 대한 인식이라는 역사적 배경을 무시하는 것은 아니나, 여기서는 그 사유의 기반을 이해하자는 것입니다.

후자는 가운데라는 것은 절대적일 수 없고, 다른 것과의 상대성 속에서 성립되는 것이라는 것을 간파한 것입니다. 특히 세상의 중심으로서의 가운데는 다른 나라가 아니라 자신의 나라입니다. 자신의 나라에서 다른 나라를 보는 것이 당연하기 때문입니다. 그것은 문화적으로도 마찬가지입니다. 우리의 문화는 우리의 옷처럼 우리에게 맞습니다. 다른 나라의 문화는 그 나라의 옷과 같습니다. 우리가 그들의 옷을 입으면 맞지 않고, 그들이 우리 옷을 입으면 어색합니다. 그러니 어느 옷이 옳다 그르다 할 수 없습니다. 이 또한 청나라의 문명을 배척하는 고루한 성리학자들의 세계관을 비판하려는 역사적 배경 속에 있기는 마찬가지입니다.

이 두 가지는 『중용』의 중국(中國)과 만맥(蠻貊)을 이해하는 데 도움이 됩니다. 『중용』에서의 중국은 역사적 개념이 아니며, 공간적 개념도 아닙니다. 만맥도 마찬가지로 역사적, 공간적 개념이 아닙니다. 인간 세계다운 세상과 아직 그렇지 못한 세상을 구분하는 것뿐입니다. 그렇게 보면 중국과 만맥은 동시에 있을 수도 있고, 중국만 있을 수도, 만맥만 있을 수도 있습니다. 옛날일 수도 있고, 현재일 수도 있고 미래일 수도 있습니다. 아니 현실의 세계가 아니라 지향해 가야 하는, 이루어 내어야 하는, 설계도로서만 있는 세계인지도 모르겠습니다. 지금 내가 살고 있는 세상은 만맥의 세상일까요, 중국의 세상일까요?

32장

하늘, 땅 그리고 사람

오직 천하의 지극한 진실[성(誠)]한 자이어야 능히 천하의 대경(大經)을 경륜할 수 있고, 천하의 대본(大本)을 세울 수 있고, 천지의 화육을 알 수 있다. 어찌 기대는 바가 있겠는가. 정성스럽고 정성스럽다 그 인(仁)이여, 깊고도 깊다 그 못이여, 넓고도 넓다 그 하늘이여.

唯天下至誠, 爲能經綸天下之大經, 立天下之大本, 知天地之化育.
유천하지성, 위능경륜천하지대경, 입천하지대본, 지천지지화육.

夫焉有所倚, 肫肫其仁, 淵淵其淵, 浩浩其天.
부언요소의, 준준기인, 연연기연, 호호기천.

진실로 총명(聰明)하고 성지(聖智)하여 하늘의 덕을 통달한 자가 아니라면 그 누가 이것을 능히 알리요.

苟不固聰明聖知達天德者, 其孰能知之.
구불고총명성지달천덕자, 기숙능지지.

■ 글자 풀이

대경(大經)

사람으로서 가질 수밖에 없는 사람 사이를 말합니다. 군신, 부자, 부부, 형제, 붕우의 관계입니다.

대본(大本)

천명(天命)으로서의 성(性)을 말합니다.

준준기인, 연연기연, 호호기천(肫肫其仁, 淵淵其淵, 浩浩其天)

"정성스럽고 정성스럽다 그 인(仁)이여, 깊고도 깊다 그 못이여, 넓고도 넓다 그 하늘이여!"라고 해석합니다. 『중용』은 천지(天地)와 천하(天下)가 긴밀하게 유비되고 있으면서도 그 초점은 천하에 있습니다. 천지는 주어지는 것이고 천하는 이루어 가는 것이기 때문입니다. 이곳도 사람[인(仁)], 땅[연(淵)], 하늘[천(天)]이 직조되어 있습니다. 여기서의 하늘과 땅은 자연으로서의 하늘과 땅의 모양을 끌어다가 인(仁)을 이루는 성인(聖人)을 꾸미고 있습니다. 연연(淵淵)은 깊이, 호호(浩浩)는 넓이를 나타내는데 지성(至誠)의 도(道)이면서 지성(至聖)의 덕(德)이기도 합니다. 그런데 준준(肫肫)은 하늘과 땅의 일이 아니라 사람의 일입니다. 자연의 일이 아니라 인문 세계의 일입니다. 깊은 덕과 넓은 덕이 인간 세상에 펼쳐져야 한다는 간절함이며, 인간 세상의 문을 열어젖히는 열쇠로서의 인(仁)의 덕에 초점이 있는 것입니다.

■ 풀어 보기

앞 장이 지성(至聖)의 덕(德)을 말하고 있다면, 이곳은 지성(至誠)의 도(道)를 말하고 있습니다. 자연 세계는 지성(至誠)의 도(道)로서 저절로 전개되지만, 인간 세계는 지성(至聖)의 덕(德)이 있어야 지성(至誠)의 도(道)가 실현될 수 있습니다.

■ 또 하나의 생각

자연의 울림

데모크리토스로부터 뉴턴에 이르기까지, 세계를 구성하는 실체는 더 이상 분할할 수 없는 최소 단위의 원자이며 자연의 세계는 이런 원자들의 분리 혹은 결합에 의해 이루어진 것이라는 자연관의 전통이 있습니다. 이런 전통은 데카르트의 이원론과 베이컨의 우상론을 통해 더욱 강한 확신을 가지게 되었고, 자연을 원자들의 인과 관계로 환원시켜 재구성하는 데 일조를 하였습니다. 그래서 자연은 인간으로부터 분리되어 원자들의 기계적인 인과 관계로 설명되는 물리적 세계가 되었습니다. 있는 그대로의 자연이 아니라 인간에 의해 재구성된 자연, 우리의 삶의 과정에서 경험되는 구체적 자연이 아니라 이성에 의해 낱낱이 분석되어 일반화된 자연이 되어 버렸습니다.

화이트헤드는 이러한 환원론적 관점에 "한 조각의 물체가 단순 정위를 갖는다는 주장은 그것의 시공간적 관계를 표현할 때 그 물체가 한정된 공간 영역 속에 또한 지속의 시간을 통해 존재한다고 말하는 것이 적합하다는 주장을 의미한다. 그러나 이 주장은 한 조각의 물체가 다른 공간의 영역이나 다른 시간의 지속에 대해 갖는 관계의 지속적인 성격을 간과하고 있다."고 비판하며 그것을 '잘못 놓여진 구체성의 오류'라고 했습니다. 즉 환원론은 시간적 멈춤 · 공간적 점 · 물리적 입자를 가지고 자연을 구성하는데, 이런 관점은 이른바 과학적 사유 혹은 실용성에 도움을 주겠지만 그렇다고 해서 자연의 본래 모습이라고 할 수는 없다는 것입니다. 자연의 실제 모습은 시간적 지속 · 움직이는 공간 · 주위와의 관계로서 있는 것이며 따라서 자연은 살아 있는 유기체로 보아야 한다는 것입니다.

자연을 물질적 입자에서 살아 있는 유기체로 이해한 화이트헤드의 공은 크다고 하겠습니다. 그러나 화이트헤드 역시 자연을 이해의 대상으로 본 것에서는 한 발도 나아가지 못했습니다. 『중용』의 자연은 이해의 대상이 아니라, 추구되어야 할 모범입니다. 문명을 버리고 원시 상태로 돌아가라는 것을 말함이 아닙니다. 자연 세계처럼 인간 세계를 구성하라는 것입니다. 자연 세계가 거짓 없음[성(誠)]의 실현인 것처럼, 인간 세계도 거짓 없으려 함[성지(誠之)]을 통해 구성되어야 한다는 것입니다. 성(誠)의 전개로서의 자연에는 시간적 멈춤 · 공간적 단절이 없습니다. 진실은 멈춤이 없기[지성무식(至誠無息)] 때문입니다. 시간은 없어짐으로 흘러가 버리는 것이 아니라 현재로 모이는 것이며, 공간은 점이 아니라 팽창이면서 동시에 수축합니다. 인간 세계 역시 시간(인간의 시간-역사)은 현재로의 집중이고, 공간(인간의 공간-관계)은 윗사람이면서 동시에 아랫사람인 것입니다.

과학적 사유는 실생활에 도움을 줍니다. 그러니 과학이 폐기되어서는 안 됩니다. 그러나 자연이 과학을 위해 있는 것은 아닙니다. 자연은 자연으로서 있습니다. 자연은 진실로서 전개됩니다. 자연은 쉼이 없이 생생하게 있습니다. 생생함의 웅장한 진실! 그 진실성을 보여 줌으로 있습니다. 인간 중심으로 얘기하면, 인간은 자연을 진실로서 보아야 하고, 그 진실성을 인간 세계에서도 실현하라는 자연의 울림을 들어야 합니다.

■ 한숨 돌리기 3 ■

또 하나의 고개를 넘었습니다. 이번 고개는 매우 역동적이었습니다. 하늘에도 올랐고, 시간의 처음과 공간의 끝에도 다녀왔습니다. 자사가 그리고 있는 웅장하고 진실로서의 자연 세계와 그 진실이 인간 세계에서도 실현될 수 있다는 낙관적 역사관, 그것을 실현할 주체로서의 인간[성인(聖人)]의 모습도 살펴보았습니다.

3부는 자연 세계[성(誠), 천도(天道)]와 인문 세계[성지(誠之), 인도(人道)]를 직조하듯 번갈아 가며 설명하고 있습니다. 21장에서는 자연 세계와 인문 세계를 포괄하는 대전제를 제시합니다. 그리고 22장은 자연 세계, 23장은 인문 세계, 24장은 자연 세계, 25장은 인문 세계, 26장은 자연 세계, 27장 28장 29장은 인문 세계를 말하고 있으며, 30장 31장 32장은 자연 세계와 인문 세계의 하나 됨을 설명하고 있습니다.

21장은 1장의 '천명지위성(天命之謂性), 솔성지위도(率性之謂道), 수도지위교(修道之謂敎)'의 『중용』 전체의 주제를 다시 한번 강조하면서도 그것을 『중용』의 용어인 성(誠)·명(明)·성지(誠之)로 대치시키고 있습니다. 성(誠)은 하늘과 인간, 자연과 인문을 관류하는 지고(至高)의 에너지이고 생명입니다. 자연은 성(誠)의 전개이고, 인문 세계는 성지(誠之)로 구성해야 하는 것입니다.

22장은 하늘이 만물을 낳고 기르는 것처럼 지성(至誠)의 인간 또한 만물을 낳고 기르는 데 참여할 수 있다고 하여 인간을 창조자의 자리에 올려 놓고 있습니다.

23장은 지성(至誠)의 인간이 아니라 하더라도 끝없는 성지(誠之)를 통해 궁극적으로는 지성(至誠)에 이를 수 있다는 희망적 메시지를 주고 있습니다.

이하 24장~29장은 자연의 성(誠), 성(誠)의 실현체로서의 성인(聖人), 성인으로 향하려고 하는 군자(君子)로 오므려 가고 있습니다. 이것은 추상에서 현실로 구체화시키는 작업에 해당합니다.

그리고 30장에 공자를 등장시킴으로써 성(誠)의 실현체로서의 성인(聖人)은 역사적 사실임을 강조함과 동시에 공자를 높이는 극적 구성이 이루어지고 있습니다. 그리고 31장에는 지성(至聖), 32장에는 지성(至誠)을 설명함으로써, 공자를 지성(至誠)의 도(道)를 인간 세계에 실현한 지성(至聖)의 덕(德)을 가진 성인(聖人)에 두고자 하는 암시를 읽을 수 있습니다.

공자가 성인(聖人)인 것이 사실이냐 아니냐 논쟁은 무의미합니다. 역사적, 현실적 인물인 공자를 등장시킴으로써 지성(至聖)의 덕(德)의 현실성을 확보하고 있다는 것이 중요한 것입니다. 더욱이 천자(天子)의 자리를 갖지 않은 공자로 마무리함으로써 그 현실성은 더욱 생생해집니다. 만약 순임금으로 마무리했다면 『중용』은 뛰어난 자들의 자화자찬이 되었을 것입니다.

4부

비단 옷을 입고서
겉옷을 덧입느니

33장

어렴풋하면서도 날로 밝아지리라!

시경(詩經)에 "비단옷을 입고서 그 위에 겉옷을 덧입는다." 고 했으니 그 비단의 채색이 드러남을 싫어한 것이다. 따라서 군자의 길[도(道)]은 어렴풋하면서도 날로 밝아지고, 소인의 길은 딱 맞는 것 같지만 날로 사그러든다. 군자의 길은 담박하지만 싫증나지 않고, 간단하면서도 아름답고, 순수하면서도 이치가 명확하다. 먼 것은 가까운 데서부터 시작함을 알며, 바람이 이곳으로부터 시작됨을 알며, 은미한 것들이 잘 드러남을 안다면 가히 더불어 덕(德)으로 들어갈 수 있다.

시경에 "깊은 곳에 잠겨서 비록 엎드려 있지만, 또한 매우 밝도다." 고 했다. 따라서 군자는 내면을 살펴보아도 허물이 없어 마음에 부끄러움이 없다. 군자가 미치지 못하는 바는 오직 사람들이 보지 않는 바에 있다.

시경에 "네가 방 안에 있는 것이 보이네, 귀퉁이도 부끄럽지 않구나." 고 했다. 따라서 군자는 움직이지 않아도 공경을 받으며, 말하지 않아도 믿을 수 있다.

詩曰, "衣錦尙絅", 惡其文之著也. 故君子之道, 闇然而日章, 小人之道, 的然而日亡. 君子之道, 淡而不厭, 簡而文, 溫而理, 知遠之近, 知風之自, 知微之顯, 可與入德矣.
시왈, "의금상경", 오기문지저야. 고군자지도, 암연이일장, 소인지도, 적연이일망. 군자지도, 담이불염, 간이문, 온이리, 지원지근, 지풍지자, 지미지현, 가여입덕의.

詩云, "潛雖伏矣, 亦孔之昭.", 故君子內省不疚, 無惡於志, 君子之所不可及者, 其唯人之所不見乎.
시운, "잠수복의, 역공지소.", 고군자내성불구, 무오어지, 군자지소불가급자, 기유인지소불견호.

詩云, "相在爾室, 尙不愧于屋漏.", 故君子不動而敬, 不言而信.
시운, "상재이실, 상불괴우실루.", 고군자부동이경, 불언이신.

시경에 "신(神)에게 나아감에 말이 없으니 다툼이 없도다!" 고 했다. 이런 까닭에 군자는 상주지 않아도 백성들이 부지런하며 성내지 않아도 백성들이 작도와 도끼보다 위엄을 느낀다.
시경에 "드러나지 않는 덕(德), 그것을 제후들이 본받는구나!" 고 했다. 이런 까닭에 군자는 공손함을 돈독하게 하여 천하가 평화롭게 된다.

詩曰, "奏假無言, 時靡有爭.", 是故君子不賞而民勸, 不怒而民威於鈇鉞.
시왈, "주격무언, 시미유쟁.", 시고군자불상이민권, 불노이민위어부월.

詩曰, "不顯惟德, 百辟其刑之.", 是故君子篤恭而天下平.
시왈, "불현유덕, 백벽기형지.", 시고군자독공이천하평.

시경에 "나는 밝은 덕(德)의 음성과 얼굴빛을 크게 여기지 않는다." 고 했다. 공자께서는 "음성과 얼굴빛은 백성을 교화하는 데 있어 말단에 속한다." 고 했다. 시경에 "덕은 터럭과 같이 가볍다." 고 했으니 터럭일지라도 무게가 있다. "하늘의 일은 소리도 없고, 냄새도 없구나!" 라고 했으니 지극하도다!

詩云, "予懷明德, 不大聲以色.", 子曰, "聲色之於以化民, 末也.",
시운, "여회명덕, 부대성이색.", 자왈, "성색지어이화민, 말야.",

詩云, "德輶如毛.", 毛猶有倫. "上天之載, 無聲無臭.", 至矣.
시운, "덕유여모.", 모유유윤. "상천지재, 무성무취.", 지의.

■ 글자 풀이

암연이일장(闇然而日章)

어렴풋하면서도 날로 밝아지는 것을 말합니다. 속에 비단옷을 입고 홑옷을 겉에 입는 것은 비단 채색이 너무 드러나지 않게 하기 위함입니다. 속은 마음, 내면을 나타냅니다. 마음속은 성(性)입니다. 기쁨 · 성냄 · 슬픔 · 즐거움의 감정이 가운데에 있습니다. 그것이 방만하게 드러나지 않게 겉옷을 입는 것입니다. 그럼에도 상황에 맞게 기쁨 · 성냄 · 슬픔 · 즐거움의 감정이 드러나니 날로 그 마음속이 밝게 드러나는 것입니다.

적연이일망(的然而日亡)

딱 맞는 것 갖지만 날로 사그러드는 것을 말합니다. 적연(的然)은 과녁에 딱 들어맞은 것처럼 확실한 것을 묘사하는 말입니다. 비단옷을 겉에 입으면 비단 채색이 바로 눈에 띄니 아름답게 보입니다. 그런데 그것으로 끝입니다. 속의 기쁨 · 성냄 · 슬픔 · 즐거움의 감정을 감싸 줄 겉옷이 없기 때문입니다. 군자와 소인의 차이는 비단옷이 아니라 겉옷에 있습니다. 겉옷이 바로 신독(愼獨)이고, 계신(戒愼)입니다.

원지근(遠之近)

먼 것은 가까운 데서부터 시작한다고 새깁니다. 저곳에서 나타남이 여기에서 근원하는 것을 말하고, 겉으로 나타나는 감정이 속에서부터 나온 것을 뜻합니다.

풍지자(風之自)

바람이 이곳으로부터 시작한다는 뜻입니다. 밖으로 드러나는 것은 안의 근본으로부터 나옴을 말합니다.

미지현(微之顯)

은미한 것들이 잘 드러남을 뜻합니다. 안에 있는 것이 밖으로 드러남을 말합니다. 1장의 '막현호은(莫見乎隱), 막현호미(莫顯乎微)'와 같은 뜻입니다.

상불괴우실루(尙不愧于屋漏)

귀퉁이도 부끄럽지 않다고 해석합니다. 실루(室漏)는 방의 가장 귀퉁이를 뜻합니다. 마음속의 귀퉁이입니다. 잘 안 보이는 귀퉁이도 부끄럽지 않다는 것이니 계신(戒愼)이 때와 장소가 없음을 말하는 것입니다.

성(聲), 색(色), 모(毛), 무성무취(無聲無臭)

덕(德)을 묘사하는 말들입니다. 성은 목소리, 색은 얼굴빛입니다. 덕이 겉으로 표현되는 것 혹은 덕의 표현으로 이해하면 됩니다. 그런데 공자는 목소리와 얼굴빛으로 덕을 표현하여 백성을 변화시키는 것은 옳지 않은 것은 아니나 말단에 속하는 것으로 봅니다. 왜냐하면 덕은 목소리와 얼굴빛으로 담을 수 있는 것이 아니기 때문입니다. 그리고 이어서 덕을 터럭[모(毛)]에 비유합니다. 터럭은 비교할 수 없을 만큼 가볍습니다. 그러나 가볍다는 무게를 갖고 있기도 합니다. 목소리 · 얼굴빛 · 터럭은 모두 형상(形象)을 갖고 있는 형이하인 것입니다. 그러나 하늘의 덕, 궁극의 덕은 형이하가 아니라 형이상입니다. 그래서 소리도 냄새도 없는 무성무취(無聲無臭)인 것입니다.

■ 풀어 보기

마지막 장인 33장은 『중용』 전체의 요약이며 정리입니다. 『시경(詩

經)』과 공자의 말을 인용하여 자사 자신의 주장에 대해 정당화를 하고 있습니다. 여기는 다른 장에 비해 인용이 많고, 특히 시(詩)의 인용이 많습니다. 시(詩)가 지닌 함축성을 통해 길게 진술하지 않고도 내용을 전달하는 효과를 극대화한 것이라고 하겠습니다.

이곳을 세 부분으로 나누어 본 것은 첫 부분은 신독(愼獨) 즉 수신(修身)의 문제를, 둘째 부분은 치인(治人), 마지막 부분은 하늘을 말하고 있기 때문입니다. 나에게서 사회로, 그리고 하늘로 확대되는 구조를 갖고 있습니다. 그런데 그 확대는 무한 팽창이 아니라 돌아감입니다. 왜냐하면 1장이 하늘로부터 비롯된 나[천명지위성(天命之謂性)]를 말하고 있다면, 33장은 나로부터 하늘로의 복귀를 말하고 있는 것이기 때문입니다. 하늘은 나의 근원이면서 동시에 돌아가야 할 귀향처인 것입니다.

■ 또 하나의 생각

되돌림

그래요
내게 길이 있었어요
돌고 돌아 나에게로 돌아왔어요.

그이를 따르기도 했고 저이를 좇기도 했었죠
그이 저이는 그의 길과 저의 길을 가고 있었죠

따라오지 말라고 쫓아오지 말라고 했었죠.

하늘을 우러르며 나를 던져 보았고
땅을 굽어 보며 나를 버려 보았고
하늘과 땅은 말이 없음을 알았을 때,

길을 가는 것은 나이고
길이 없다는 것을 알았고
길을 만들어야 한다는 것도 알았습니다.

길은 기쁨 성냄 슬픔 즐거움이고
기쁨 성냄 슬픔 즐거움은 울림이고
울림이 나를 나답게 너를 너답게 하고,

모든 나와 모든 너들이 한 울림 속에서 있었죠
진실[성(誠)] 말입니다
이제 마음이 깨끗해졌어요.

마음이 깨끗하니
세상이 깨끗해졌답니다.